プロ野球で1億円稼いだ男のお金の話

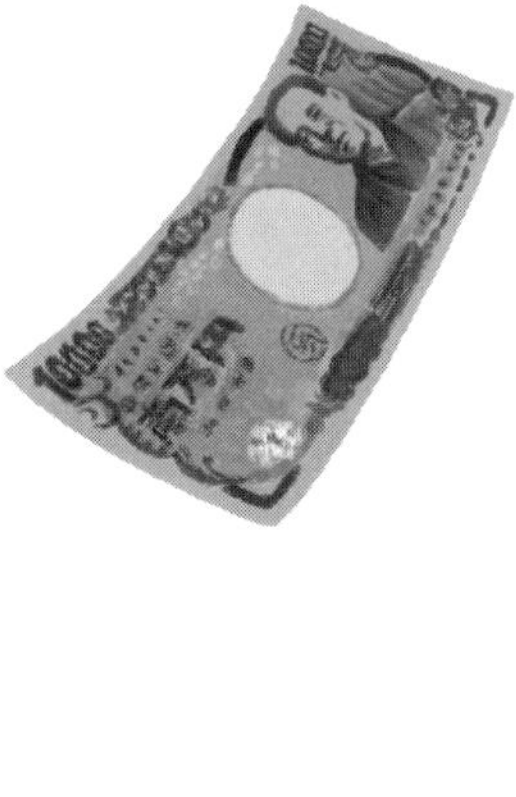

元永知宏
Tomohiro Motonaga

TOKYO NEWS BOOKS

はじめに

WBC（ワールド・ベースボール・クラシック）の開幕を1カ月後に控えた2023年2月、驚きのニュースが飛び込んできた。侍ジャパンのリーダーである36歳のダルビッシュ有が、所属するサンディエゴ・パドレスと6年総額1億800万ドル（約141億円）で契約を結び直したというのだ。

22年10月に更改された大谷翔平（ロサンゼルス・エンゼルス）の年俸は約43億円！

1年で稼ぐ金額とはとても思えない。

稼いでいるのは、トップのメジャーリーガーだけじゃない。

日本のプロ野球の球団別平均年俸（23年）を見ると、6807万円の読売ジャイアンツが最高で、最下位は北海道日本ハムファイターズの2569万円だった（日本プロ野球選手会発表）。

プロ野球選手は、とにかく稼ぐ。

ドラフト1位で指名された選手に対して、契約金1億円（+出来高5000万円）、年俸1600万円という上限が設定されているが、活躍した翌年の年俸が倍増することも珍しくない（13年、読売ジャイアンツに入団した菅野智之は１５００万円↓７００万円に）。

しかし、昔からプロ野球選手がこれほど恵まれていたわけではない。

１９９３年にＦＡ（フリーエージェント）制が認められ、選手には他球団に移籍する権利が与えられた。２０００年オフ、選手に代わって代理人による交渉が導入されてから待遇面でも改善がなされるようになった。

それまでは「レギュラーとして3年間いい成績を残してやっと一人前」「個人成績がよくてもチームが最下位では年俸は上げられん」（逆に、「優勝してもその成績ではダメ」）と言われる選手が多かった。

一部のスーパースターを除いて、自らの年俸に不満があっても、それを解消する手段を選手は持たなかった。

しかし、時代が大きく変わった。

選手には移籍の自由が与えられ、交渉のプロである代理人に球団との折衝はすべて任せることができるようになった。おかげで、労使の感情のもつれが生まれることは限りなく少なくなった昭和のプロ野球では、一流の基準として「1000万円プレーヤー」という言葉があった。現在、一軍選手の最低年俸が1600万円に設定されていることを考えれば、そのハードルは5000万円、いや、1億円くらいまで上がっているかもしれない。

2023年のプロ野球年俸ランキングを見てみよう。

1位　6億5000万円　山本由伸（オリックス・バファローズ）
2位　6億2000万円　柳田悠岐（福岡ソフトバンクホークス）
3位　6億円　坂本勇人（読売ジャイアンツ）
3位　6億円　村上宗隆（東京ヤクルトスワローズ）
5位　5億円　菅野智之（読売ジャイアンツ）
5位　5億円　山田哲人（東京ヤクルトスワローズ）
5位　5億円　浅村栄斗（東北楽天ゴールデンイーグルス）
5位　5億円　有原航平（福岡ソフトバンクホークス）
9位　4億7500万円　田中将大（東北楽天ゴールデンイーグルス）
10位　4億6000万円　森唯斗（福岡ソフトバンクホークス）

ちなみに、ランキング50位に入るためには、1億6000万円を稼がなければいけない（と考えれば、一流の基準はやはり1億円か？）。

日本のビジネスパーソンの平均年収は403万円だという（22年、doda調べ）。年収ランキング1位の「医師」が1027万円、2位が「金融系専門職」「投資銀行業務」で850万円、3位に845万円の「運用（ファンドマネジャー／ディーラー）」が入っている。

一般社会の高額所得者と比較しても、桁外れの金額をプロ野球選手が稼いでいることがよくわかる。

しかし、プロ野球選手には選手寿命がある。どんなに素晴らしいスターも衰えとは無縁ではない。ホームランが打てなくなれば、勝利に貢献することができなくなれば年俸はガクンと下がる。

もう戦力にならないと判断された時は、すぐに働き場所を奪われる。そうなれば年俸はゼロ、無収入になってしまうのだ。

メジャーリーグやプロ野球以上に稼げる世界がどこかにあるだろうか？

本書では、「天国と地獄」を経験した元プロ野球選手に登場してもらい、お金にまつわるさまざまな話を聞いていく。

契約金はどこへ消えるのか？

選手たちは何にお金を使うのか？

球団移籍の明と暗、FA移籍の恐ろしさ、意味のある金の使い方、30代からのセカンドキャリア……。

そして、お金よりも大切なものは何か？

私はスポーツライターを生業にしているが、正直、お金の話は聞きにくい。それ以上に、（稼いだ人も稼げなかった人も）お金については話しにくいだろうと思う。しかし、本書に登場する12人の元プロ野球選手は現役時代を振り返りながら、赤裸々に語ってくれた。

現役を引退し、さまざまな仕事を経験したからこそ語ることができるプロ野球のお金の話——彼らの笑える話、泣ける話、ためになる話をお楽しみください。

LOTTE

CONTENTS

はじめに――2

第1章 豪快すぎるサムライたち――13

ひと晩で100万円も使って遊ぶ／パンチパーマに派手なネックレスが定番／力士との飲み比べに圧勝した先輩／褒賞金というニンジンをぶらさげられて／DCブランドの服がオシャレでトレンディー

第2章 年俸交渉の罠――33

入団5年目のオフに1億円プレーヤーに／「サインしろ」と契約書を投げつけられて／入団1年目のオフに保留した初めての選手／ファンから「銭ゲバ」とヤジられた／中継ぎ投手として初の1億円プレーヤー

第3章 球団移籍の明と暗――57

移籍先で初めての日本一に／安定した職を捨ててプロ野球へ／タイガース移籍でプロの醍醐味を味わう／ポスト古田の契約金は7500万円／116試合に出て

第4章 FAはつらいよ……―― 97
年俸は1800万円アップ！／逆転ホームランに4700万円の価値があった！／トレードのおけげで34歳まで現役／9本塁打を打って年俸が倍増！／環境を変えたくてトレードを志願／オリックスの誘いを蹴って新球団へ／ベテランと監督との難しい関係／合意したはずの契約事項が守られずに退団
FA権を行使するのか、しないのか／FA宣言をしてドラゴンズを選んだ理由／リハビリ中にできたのは走ることだけ／ファンの言葉でもう一度頑張れた／4年間のつらさが全部吹き飛んだ引退試合

第5章 稼いだ金の使い方―― 117
球団指定の病院でなければ全額自腹／契約金は自分を育ててくれたチームに／実勤5年で年俸1億円の大台に乗った／夢を与える商売だからいいクルマに乗る／不揃いな石ころを丁寧に積み上げていくような毎日／思うように進まないのがピッチャーのリハビリ／1週間やったことの答えがマウンドで出る／プロ野球で育てられた男の使命

CONTENTS

第6章

30代のセカンドキャリア――145

CASE1
米野智人――150
初期投資は2000万円！　35歳で未経験の飲食業に転身
賃貸契約から4カ月でやっと店がオープン／飲食業も一日一日が勝負！／コロナが猛威をふるった時に転機が訪れた／未練があるうちはほかのことを始められない

CASE2
大引啓次――168
コーチとしての足場を固めるため、大学院でコーチング学を学ぶ
プロ野球選手にとって理想的な年俸の上げ方／2004年の裏金問題で変わった金銭感覚／30代のうちに指導者として足場を固めたい／マイナーリーグで見つけた方向性／野球がうまいからすごいわけではない

CASE3
小林太志——188
独立リーグの球団社長を経て、我が道を行く非野球エリート
1年目に6勝して年俸は大幅アップ／プロで長くプレーするための目標／沖縄にできた独立リーグの球団社長に就任／何歳になっても経験はプラスにできる

CASE4
鵜久森淳志——206
14年間の戦いを終えて、未完の大器はライフプランナーに
入団後の数年、年俸は横ばいだった／二軍でどれだけ打っても年俸は上がらない／拾ってくれたチームのためにプレーする／パソコンは使えず、コピーも取れない／これからどんな人生を送りたいのか

おわりに——228

本書に登場する元プロ野球選手の成績、および推定年俸——232

※本書に掲載された人物の肩書、データなどは2023年9月時点のものです

第1章

豪快すぎるサムライたち

のちにメジャーリーグの歴史を変えることになる大谷翔平が生まれたのは1994（平成6）年。野茂英雄が近鉄バファローズを自由契約になって、ロサンゼルス・ドジャースで「トルネード旋風」を巻き起こしたのが95年。

30年以上前の、いや、もっと前のプロ野球は今とはまったく姿も形も違っていた。たとえば80年代、球団は関西（大阪2、兵庫2）と関東（東京3、神奈川2、埼玉1）に固まっていた。あとは、関西と関東の間にある名古屋に中日ドラゴンズ、広島に本拠地を置く広島東洋カープがあるだけだった。

その頃のプロ野球ファンに「いずれ福岡にも、北海道にも、仙台にもプロ野球の球団ができるよ」と言っても信じてはくれなかっただろう。

日本のプロ野球では、「球界の盟主」と言われた読売ジャイアンツが圧倒的な支配力でほかの11球団を従える時代が長く続いた。巨人戦のほぼすべてがテレビで生中継（もちろん、地上波！）されていたし、ドラフト制度やそれ以外のさまざまなルール変更にも巨人が大きな影響力を持っていた。

乱暴に言えば、ほかの11球団が巨人という球団の人気にぶら下がる形で運営されていたのだ（パ・リーグの優勝を争う試合よりも、巨人とのオープン戦のほうが観客数が多かったという笑えない話もある）。

あの野茂がメジャーリーグとの間にあった壁をぶちこわすまで、日本球界は長く鎖国状態だった。メジャーリーガーが助っ人として日本に来ることがあっても、日本人選手が海を渡るなど誰も本気で考えなかった。

一度、球団と契約を結んだ選手に移籍の権利はない。年俸、その他の待遇や権利について、フロントと交渉できるのは本人だけだった。

監督やコーチに不当な扱いを受けても選手は耐えるしかない。「トレードに出してほしい」という直訴は「わがまま」だととらえられることが多かった。

2023年の今と比べれば、選手の年俸も恵まれたものとは言えなかった。

1980（昭和55）年夏の甲子園で横浜高校（神奈川）を日本一に導いた愛甲猛は、その秋のドラフト会議でロッテオリオンズ（現・千葉ロッテマリーンズ）から1位指名を受けた。

高校1年の夏に甲子園のマウンドを踏み、3年夏にはアイドルの荒木大輔（早稲田実業）を下したサウスポーは、球団の看板選手になりうるスーパースター候補だった。

愛甲が言う。

「80年当時は、今と契約金、年俸の額が全然違いますね。契約金は4800万円で、年俸が450万円だった。日本がバブル経済になる前だったけど、不動産はもう上がり始めていて、当時住んでいた神奈川県逗子市でもマンションが買えなかった。

僕が入団した頃、プロ野球では年俸3000万円が一流選手の条件だと言われていました。エースの村田兆治さんや四番打者の有藤道世さんがそれを超えるくらいで、レギュラー選手でも1000万円になるまでは大変でした。ロッテには落合博満さんもいましたけど、今の時代に落合さんくらいの成績（三冠王を3回）を残したら、年俸は10億円を確実に超えるでしょうね」

当時のロッテは人気がないと言われたパ・リーグに属する球団で、リーグ優勝から長く遠ざかっていた。

「コーチや先輩からも『3年間、レギュラーとして活躍してやっと一人前』と言われていて、1年だけ成績がいいからと言って3倍増になることなんかなかったですね。年俸の伸び方は、今とは全然違う。

日本経済があまりよくないこの20年間で、プロ野球選手の年俸がガンガン上がったじゃないですか。同世代の連中とは、『もう20年遅く生まれればよかった』と言い合ったものですよ」

ひと晩で100万円も使って遊ぶ

選手に移籍の自由がない分、どの球団にも生え抜きのスター選手がいた。個性的で豪快で、「ザ・プロ野球」と言える選手たちが。

「通算215勝の村田さんは、野球のことしか頭にない方でした。僕がプロ野球に入った頃は、そういう人が多かったですね。バント処理のためのサインプレーなどお構いなし。どんな強打者が相手でも剛球で真っ向勝負という、漫画に出てくるようなピッチャー。とにかく食に対するこだわりが強くて、お昼には必ずステーキを食べていました。

落合さんは秋田出身だから、腰を据えて飲む時には二升くらいは平気でした。ロッテ時代のオープン戦前日、鹿児島のホテルのラウンジで朝の4時まで飲んで、当日のデーゲーム前に明け方ちょっとだけ寝て、試合に出てホームランを打ったんですよ。落合さんは、『今年も4時まで飲めるぞ』って言いました。朝4時まで飲んで、自分の体がどれくらい動くかを試したかったらしい」

プロ野球選手は一国一城の主。周囲を気にすることなく遊び、遊んだ分だけ稼いだ。

「プロ野球選手の遊び方も変わりました。先輩からは、置屋から球場へ通った選手がいたという話をよく聞きました。本当に豪快に食って飲んで、ひと晩で100万円、200万円を平気で使ったとか。今は、そんなふうに遊ぶ選手はいませんね。

現役選手は体のことに気を使って、遅い時間まで出歩かないし、深酒することもないし、食べ物についてもよく考えている。昔の選手は、9割以上がタバコを吸っていましたからね」

バブル経済が崩壊したあと、プロ野球選手を連れて街を歩く後援者の姿も変わった。

「バブルの頃は、タニマチと呼ばれるスポンサーも羽振りがよかった。ロッテが春季キャンプをしていた鹿児島から宮崎まで、いろいろな球団のキャンプ地をベンツで回る。その時に選手を呼び出してメシを食わせてくれる人がいて、もう湯水のごとく金を使っていましたね。だから、ベンチ裏にも顔パスで入れる。そういうのがステータスだった。

見返りを求めないいいタニマチもいたけど、『その分、○○をやってくれ』というめんどうくさい人もいましたね」

そんな付き合いを断って、裏方と食事に行く選手も多かった。

「裏方を数人連れて焼肉屋に行けば、10万円は軽く超えます。帰りにコンビニで4万円使ったことがあります。なかなかないですよね、コンビニでその金額を払うこと」

パンチパーマに派手なネックレスが定番

1988（昭和63）年のドラフト会議で、2位指名を受けて近鉄バファローズ（2004年にオリックスと合併）に入団した中根仁。近鉄には個性的な選手がそろい、「野武士軍団」と呼ばれていた。当時指揮をとる酒豪の仰木彬監督は放任主義で知られていた。

中根が言う。

「僕が入団した時の近鉄には、パンチパーマで派手なネックレスをつけた、いかにもプロ野球選手という先輩がたくさんいらっしゃいました。栗橋茂さん、金村義明さん、加藤哲郎さん、山下和彦さん……ちょっといかつい人が多かったですね。みなさんにはよくかわいがっていただきました」

中根が入団するにあたり、契約金は5300万円、年俸600万円を提示されたという。

「いろいろな先輩から『ドラフト2位なんだから、もっと年俸をもらったほうがいいぞ』と言われて、交渉したところ、100万円上がりました。当時の一軍最低年俸が840万円でしたから、2位ならそのくらいだろうと。近鉄っていい球団だなと思っていたら、契約金を100万円下げられました。冗談かと思ったら本気で、『やっぱり噂通りだな』と思いました」

プロ1年目の89（平成元）年に新人ながら10本塁打を放ち、チームの9年ぶりのリーグ優勝に貢献。日本シリーズにも出場したルーキーに球団は厳しかった。

「先輩には『来年の年俸は2000万円を狙えるぞ。球団から1500万円ぐらいで話が来るから粘って上げろ』と言われて、その気になりました。球団の人に『大台に乗りましたよ』と言われて『やった！』と思ったんですが、提示は1000万円で。ホームランを10本打っても、チームが優勝しても、その金額でした。それ以上、ビタ一文上げてくれなかった。

一軍最低年俸に足りない選手にはその差額が払われるので、1年目は840万円もらったんですよ。だから、160万円しか上がらなくて、がっかりしました」

やはり、「3年間活躍してやっと一人前」の世界だったのだ。

89年ドラフト会議は12球団のうち8球団の1位指名が集中する「野茂ドラフト」だった。大物ルーキーの野茂英雄の交渉権を引き当てたのが近鉄だった。

「野茂の契約金は1億2000万円。年俸は1200万円でした。この時点で負けてますもんね……」

プロ野球でまだ1球も投げていない投手に年俸で抜かされる、これもまたプロ野球界の現実だ。

「僕は東北（東北高校・宮城）の出身で、大学（法政）は東京だったのでピンと来なかったんですけど、近鉄グループは大きな企業なんです。もちろん、鉄道もあればデパートもある、ホテルもテーマパークも持っている。でも、球団自体は毎年赤字なので、選手に対してはシブかったですね」

観客を呼べるスーパースターとそれ以外との待遇の差は明らかだった。

力士との飲み比べに圧勝した先輩

現在のようにSNSがなかった時代。人気面でセ・リーグに大きく離された近鉄の選手たちに怖いものはない。「野武士軍団」と言われた選手たちの遊びは豪快だった。

「遠征先で3連戦があったら、2日は先輩のおともですね。大石大二郎さん、金村さん、石井浩郎さん、光山英和さんなどにごちそうしていただきました。居酒屋を3軒くらいはしごしたこともあります。特に光山さんはグルメで、外国人に『ごみ箱』ってニックネームをつけられるくらいにものすごく食べるんですよ（笑）。

一度、遠征先で大相撲の力士たちと一緒になった時、光山さんはひとりで飲んで、お相撲さんを全員潰しましたからね。それなのに、平気な顔をしてるのに驚きました。親方が若い衆に、『こんなふうになれよ』と言ってましたもんね」

試合が終われば、いくつかのグループに分かれて深夜の街に繰り出す。それが「野武士軍団」のルーティンだった。

「1日目は大石さんに連れられ10人くらいで焼肉食べて、飲みに行く。翌日は石井さんとまた同じくらいの人数で出かける。一流選手はすごかったですね。

3日目には僕が後輩を連れてご飯に行くんですが、最後はスナックでカラオケしてという感じで。10万円もするところには絶対に行かないですね。『ひとり1万』でとママと話をして、安心して遊べるところに行っていました。それでも、財布に10万ぐらいは入れていたと思います」

年功序列の色濃い時代、支払いは基本的に年齢の高い人間が払うことになっていた。もちろん、例外もある。

「野茂は1年目からものすごい活躍をしました。あれぐらいバーンと上がるとごちそうになりやすい（笑）。何年もレギュラーとして活躍する先輩の年俸が5000万円くらいでしたから、2年くらいで追い抜いたことになりますね」

プロ1年目の1990年に18勝、その後も17勝、18勝、17勝を挙げた野茂の年俸は2倍増、3倍増になり、94年には1億4000万円だと報道された。

「野茂とは仲がよくて、よく一緒にご飯を食べに行きました。たとえば、寿司屋に行ったら、どのくらい食うんだ！　というくらい、ずっと食べ続ける。ウニ、トロ、イクラ、ネギトロ、ウニ、トロ、イクラ、ネギトロ……4種類をずうーっとヘビーロー

1997年のオフに盛田幸妃との交換トレードで横浜ベイスターズに移籍した中根仁

テーションで。

その日は『今日は俺が払うよ』と言って誘ったので僕が支払いましたが、『次は僕が』と野茂が言ってくれるので、その時は遠慮なくごちそうになりました。いい後輩ですね（笑）」

昔のプロ野球選手は豪快なスターの背中を見て、奮起したのだ。

「みなさん、本当に豪快でしたね。『俺もああなりたい』と思ったものです。ごちそうになった分、自分も後輩のめんどうをみるという、いい伝統がありました」

その後、中根は横浜ベイスターズ（現・横浜ＤｅＮＡ）に移籍。98年に38年ぶりのリーグ優勝を飾り、日本一になった。

「ベイスターズは若いチームだというのが第一印象。それなのに、みんな落ち着いていて、大人でしたね。ひとりひとりに実力があって、バッターはむちゃくちゃ打つ。近鉄の強い時と似た印象でした。先輩が後輩を連れて街に繰り出すというのも同じでした。

僕は、駒田徳広さんにかわいがってもらいましたね。お互い、移籍組でチームに友達がいなかったこともあって（笑）。駒田さんは社長さんの知り合いが多かったですね。

どこに遠征に行っても、社長がいる。近鉄は、自腹でやってましたから、システムがちょっと違う。

試合が終わってから若い選手に『このあと、飯行こうか?』と誘っても、みんな予定がいっぱいで。ベイスターズの選手たちは、あの頃、人気がありましたね」

褒賞金というニンジンをぶらさげられて

1988年のドラフト会議で1位指名を受け、津久見（大分）からヤクルトスワローズに入団した川崎憲次郎は、中根と同じ年にプロ野球の世界に入った（年齢は4歳下）。プロ1年目の89年から一軍で活躍したため、同世代の若い選手よりも早く球界の空気に触れた。90、91、93年と二桁勝利を記録。93年には日本シリーズのMVPにも輝いている。

入団した時の契約金は6000万円。年俸は480万円。

川崎が言う。

「当時は高卒ルーキーの上限がその金額と言われていました。実際にはもっともらった人がいるかもしれませんが、僕はぴったりその数字でした」

ルーキーイヤーに4勝4敗1セーブという成績を残し、年俸は1000万円の大台に乗る。

「2年目の年俸はもっと上がってもよかった気がしますが、交渉の仕方がわからなかった……。球団の人に『この金額でいいか』と言われて、『はい、ありがとうございます』という感じで」

プロ2年目の90年は12勝13敗、防御率4・05。91年は14勝9敗、防御率2・91という成績を残し、2年連続でオールスター出場を果たした。2年連続で15完投したということもあり、年俸は1000万円から2200万円、4000万円へと上がった。

「今だったら、4年目の年俸は7000万円くらいにはなっているかもしれませんね。年俸は毎年、倍増が続いていて、当時としてはかなりよかったほうだと思います。ただ、スケールがちょっと小さい（笑）」

右ひじの故障のため、92年は登板ゼロに終わったが、93年は10勝9敗、防御率3・48。スワローズのリーグ連覇と日本一に貢献した。

「僕は日本シリーズの第4戦と第7戦に投げさせてもらいました。前年の悔しさがあったので、マウンドに上がった時には、うれしくて、ムチャクチャ興奮しました。3勝3敗で迎えた第7戦に投げたことは今でも忘れられません」

94年の年俸は5500万円だった。

「優勝争いをしている時には、試合ごとに賞金というのか、褒賞金というのか、そういうものが用意されていました。1試合あたり数十万円から何百万円と決まっていて、S、A、Bというランクが付けられて、貢献度によって決められた金額が選手たちに分配される仕組みでした。

対戦相手によって金額にバラツキがありました。ジャイアンツ戦が一番高額で、通常のカープ戦が80万円で、優勝争いをしているジャイアンツ戦が200万円とか。ジャイアンツ相手に完封勝ちした時にはかなりもらった記憶があります。文字通り、ニンジンをぶらさげられている感じです（笑）。

でも、優勝争いをしていないとダメですからね。チーム成績がふるわない時、神宮球場でもらえるのは勝利投手賞だけ。それは、タフマン2ケースでした（笑）。もらうたびに『なんだかなあ』と思ったものですよ。商品としてもらわなくても、クラブハウスにはいくらでも置いてあって、それも飲み放題ですから」

DCブランドの服がおしゃれでトレンディー

1998年に17勝10敗、防御率3・04という成績で最多勝投手、沢村賞を獲得。そのオフに1億円プレーヤーになった。

「年俸が上がれば、それだけ税金を多く払うことになります。やっぱり、衣食住のうち、食と住にはお金がかかります。みんなが使うのはクルマですかね。

プロ1年目は規則でクルマの運転は禁止。武蔵浦和にある球団の寮から電車に乗って球場に通ってました。途中から、ギャオス（内藤尚行）が賞品としてもらったシャレードに乗せてもらうようになりました。でも、小さいクルマだったので乗るのが大変で……」

球団からクルマの運転を許可されて、初めて購入したのが日産GT－Rだった。

「当時のスワローズには『国産車に限る』という決まりがありました。だから、チームの先輩が持つ最高級車がセルシオでしたね。そのルールがなくなったのは野村克也監督のおかげです。いきなり、ベントレーで乗り込んできましたから。『俺は左ハンドルの車しか運転できねえ』って言って、外車が解禁になりました。それから、1億円プレーヤーだった広沢克己（現・克実）さんや池山隆寛さんがベンツに乗るようになりましたね」

当時は、シーズンオフにプロ野球選手が出演するテレビ番組が多かった。

「プロ野球選手が出るクイズ番組とか歌番組がたくさんあったので、そのための衣装代も相当かかりました。お笑い芸人の平野ノラさんがネタにしてますが、本当にあの世界です。この前、友人から写真が送られてきたんですけど、僕は肩パッドの入った黄色のスーツを着てました」

川崎の記憶では、スーツの上下で20万円ほどしたという。

「なぜか、紫とか緑のジャケットは捨てられなくて、クローゼットの中にあります。当時は、DCブランドがオシャレで、トレンディーだったんです（笑）」

チームの看板選手になれば、当然、飲食代もかかる。

「週に4日ぐらいは焼肉を食べにいってましたね（笑）。4、5人ぐらいで××苑とか、〇〇亭に行って、相当食べました。支払いをするのは、一番年長の人。そこは年功序列ですね、年俸序列じゃなくて。

みんな、特選とか希少部位とかを頼むし、1枚何千円もする肉を何人前も食べるので、3、4人くらいで行ってもお会計は10万円では足りません。それが続くと、払うほうはさすがにつらい」

「年功序列」によって、思わぬ出費を強いられることもあった。

「年功序列ですから先輩の命令は絶対でした。昔、ある先輩に呼ばれて、埼玉県の戸田にある寮から六本木までタクシーを飛ばしました。おおぜいの人が飲んでいたんですけど、先輩は眠くなったから帰るという。お会計が済んでるもんだと思っていたら、『お会計を』と言われて、しょうがないから、僕が払いました。そんなこともありましたね」

川崎が若手だった90年代と大きく変わったのが食事や栄養に対する考え方だろう。プロ野球選手の意識は大きく変化した。

「今の選手たちは栄養に関する知識がありますが、僕が若い頃は全然でした。これがいいと知っていても、実践している人はほとんどいなかった。今は栄養士がついていて、管理されていますけどね。

僕たちの時代は『食べたいものを食べる』のが基本でした。スワローズの寮では、ヤクルトラーメンを休みの日にはよく食べていましたね。あの、緑色のラーメンにはクロレラが練り込んであっておいしかったんです。僕は好きでした（笑）。ヤクルトでしか売っていませんし」

食の細いプロ野球選手は大成しない。「食べることも練習だ」と言う指導者もいる。

「食べる人はずっ～と食べています。やっぱり食事の量は大事で、よく食べる人は体が大きくなる。そうなると、たくさん練習ができるようになる。そのうちに野球がうまくなる確率が高い。

僕は21歳の頃まで、体が細かった。ずっと太りたかったんですが、そのあとは体重が増えて、一時期は95キロくらいあり、その頃、いいボールが投げられるようになりました。最終的には85キロまで落としたんですが、体重はあったほうがいい。動けるデブが有利なんです」

愛甲猛が引退したのが２０００年、中根仁は03年、川崎憲次郎は04年にユニホームを脱いでいる。

彼らが言うように、プロ野球も選手の姿も大きく変わった。豪快さは鳴りを潜め、選手はアスリート化していった。球団経営でも、どんぶり勘定は許されなくなった。

次章では、１９８０年代、90年代の球団と選手との「銭闘」に迫ってみる。

第2章 年俸交渉の罠

個人として成果を残してチームが優勝するというのが、選手とチームにとって理想の形だ。ペナントレースが盛り上がれば観客も増え、結果的に選手も潤うことになる。ドラフト1位で入団してプロ1年目から一軍で勝ち星を挙げ、すぐにローテーション投手となった川崎憲次郎はその典型的な例だろう。

１９９０年に野村克也が監督に就任したスワローズ。その年は勝率４割４分６厘で5位に沈んだものの、翌91年は勝率５割１分５厘で３位に。92年にセ・リーグ制覇を果たすと、翌年にはリーグ連覇を達成。前年に敗れた西武ライオンズを日本シリーズで下して日本一に輝いた。95年、97年にもリーグ優勝し、日本一になっている。

そんな黄金時代を支えた投手が川崎だったのだ。入団した時に４８０万円だった年俸は、10年で1億円に到達した。

この間、川崎が挙げた勝利数は73勝！　日本シリーズMVP、最多勝、沢村賞などを獲得している。

その川崎と同様に、所属球団と良好な関係を築いたのが近鉄バファローズの最後の選手会長となった礒部公一だ。

96年ドラフト会議で近鉄から3位指名を受けた礒部。西条農業（広島）を卒業する時にプロからの誘いがあったが、「社会人で鍛えてからプロへ」と考えて三菱重工広島に進んだ。レベルの高い社会人野球で5年間プレーした礒部にとって、プロ野球は憧れではなく、働く場所。レギュラーになって金を稼ぐのが第一の目的だった。

オリックス入団希望を明言していた礒部のところに、当時の佐々木恭介監督がヘリコプターに乗って指名のあいさつにやってきた。

「あとで、経費が50万円もかかったと球団の人から聞きました。『契約金から引いとくわ』と言われたことを覚えています」と礒部は笑う。

プロ1年目の97年、礒部は62試合に出場し、打率2割3分3厘、0本塁打、6打点に終わった。

「キャッチャーというポジションはひとつしかありません。なんとしてでも奪ってやろうと思っていました。打てるキャッチャーになりたいと」

しかし、まず捕手に求められるのは守備力、投手とのコミュニケーション。打撃力はあるに越したことはないが、打つだけでは困る。バッティングに自信のあった礒部は守備力強化とコミュニケーションを円滑に進めることに心を砕いた。

しかし、礒部がブレークしたのは捕手としてではなかった。２０００年から指揮をとる捕手出身の梨田昌孝監督が、礒部を外野手として起用するようになってからその能力が開花した。打力のある礒部をタフィ・ローズ、中村紀洋のあとに置けば、打線に厚みが出る。打ち勝つ野球には、礒部は絶対に欠かせないピースだった。

入団5年目のオフに1億円プレーヤーに

前年最下位だった近鉄だが、2001年は78勝60敗2分、勝率5割6分5厘。2位の福岡ダイエーホークス（現・ソフトバンク）との2・5ゲーム差の大接戦を制した。チーム防御率4・98（リーグ最下位）の投手陣を、チーム打率2割8分0厘、211本塁打、748打点（いずれもリーグ1位）を記録した〝いてまえ打線〟がカバーして、12年ぶりにパ・リーグを制した。

礒部は140試合に出場し、打率3割2分0厘（172安打）、17本塁打、95打点。ローズ、中村とともにベストナインに選ばれた。

礒部は言う。

「新聞などで発表された推定年俸と実際の金額は少し違っていました。01年にリーグ優勝したオフは9000万円となっていますが、本当は1億円を超えていました」

97年から実働5年、礒部は1億円プレーヤーになった。

「2001年はチームが優勝して、僕は初めてのベストナインを獲りました。球団と強気で交渉できるのはココしかないだろうと考えました。前年が5000万円くらい、1年で倍以上になりましたね。期待通りの金額だったので『ありがとうございます』と笑ってサインをして帰りました」

大きく報道されることはなかったが、年俸1億円は礒部にとって誇れるものだった。

「プロ野球選手にとってステータスですから、うれしかったですよ。先輩には『9000万円くらいが一番ええぞ』と言われていましたけど、その通りでした。年俸が1億円を超えると税率が変わって、ものすごい金額を収めないといけない」

社会人野球出身の礒部は、お金のありがたみをよく知っていた。

「入団した時の年俸1200万円は、会社員をしていた僕からしたら破格の数字でした。高卒で三菱重工広島に入って、手取りは13万円か14万円でしたから。3000万円を超えた頃に『プロになれたな』という実感がありました。

近鉄の場合、1勝あたり30万円くらいの褒賞金が出て、活躍した選手に配分される。

入団5年目のオフに1億円プレーヤーになった礒部公一。近鉄バファローズ最後の選手会長としても知られる

査定係の人が来て前の対戦カード分を現金で渡してくれるんです。ホテルの部屋のピンポンが鳴ったら『よし！　遠征先の小遣いがきた！』と喜んだものです。あれはモチベーションになりました」

しかし、キャリアを積むにつれて、球団の内情が見えてくる。

「昔は、活躍した選手が引退したらコーチになるという流れがありました。01年以降、球団経営が苦しいのはわかっていました。いい成績を残しても、思うようには年俸が上がらない。フロントの人には『おまえは球団に残ることになるんやから、我慢してくれ』と言われたこともありました」

メジャーリーグのようにチームごとの年俸総額が決められているわけではないが、どの球団にも予算はある。

「お客さんがあまり入っていなかったこともあって。『おまえらが欲張ったら、若い選手に金が払えん』と言われました」

礒部が1億円プレーヤーになったわずか3年後の04年。1月に勃発したネーミングライツ（球団命名権）の売却問題、6月に表面化したオリックスとの球団合併、リーグ再編問題に端を発した史上初めてのストライキ……近鉄バファローズはそのシーズン限りで事実上、消滅することになる（オリックスに合併）。

「サインしろ」と契約書を投げつけられて

甲子園を沸かせたスターだった愛甲猛はロッテに投手として入団したものの、3年間で1勝もできなかった。1983年のオフ、チームの主砲である落合のすすめで打者転向を果たした。

84年の出場は2試合だけ（6打数ノーヒット）。85年は40試合に出場して18安打、2本塁打に終わった。

出場試合数が100を超えたのは86年のこと。108試合に出場して打率2割6分5厘。87年は105試合出場で、打率2割6分0厘だった。

「ピッチャーだった時は全然稼げませんでしたね。バッターに転向してからやっと、プロらしい金額をもらえるようになりました。初めて規定打席に到達したのが88年（130試合出場、打率2割8分6厘、17本塁打、63打点）で、1300万円だった年俸を倍にしてくれと言ったんだけど、それは無理だということで2500万円になった。

頭に来たので翌年3割を打ったら、ホームラン数が13本に減ったじゃないかと言われて……。

2500万円から4500万円まで上げてやろうと思ったら、球団の提示が3500万円。球団はとにかく保留者を出したくなかったみたいで、フロントの人に『話し合いで、お互いに歩み寄ろう』と言われて。普通なら間を取って4000万円になると思うじゃないですか。でも、3700万円でどうか？　と言われました。結局、『4000万円にしてやるから、早くサインしろ』という感じで契約書を投げつけられて……そんな時代でした。僕が投げたんじゃないですよ（笑）」

頼りになるのは自分の成績だけだ。86年から9年連続でBクラスのロッテでは、年俸は思うように上がらなかった。

「球団の人には3年間、レギュラーとして活躍してやっと一人前だと言われて、1年だけ成績がいいからと言って倍増することなんかなかったですね。でも、1回保留してやろうと思って、『今日はハンコを持ってないから帰ります』と交渉の席を立ったんです。そうしたら、『三文判を作ってあるから、これを使ってくれ』と言われました。準備がいい（笑）。

投手として3年、野手として17年、計20年間にわたりプロ選手として活躍した愛甲猛

あの当時のロッテだけかもしれないけど、契約はいいかげんなものでしたね。普通、契約書は双方で保管するものだけど、自分で持っている選手はいなかったんじゃないかな？　球団に残っているだけで。そういう意味でも、ずさんでしたね」

愛甲はまだ20代半ば。20歳以上年上の球団フロントとの交渉を有利に進める術は持っていなかった。

「とにかく、選手の立場が弱かった。交渉の席では、球団側が3人でこっちがひとり。選手が座るソファは低くて、球団代表たちを見上げる形になる。だから、圧迫感がありましたね。心理的なことを考えて、そうしていたのかどうかはわからないけど。

交渉の席では、同じくらいの成績を残した他球団の選手との比較をして、『○○○はこれだけもらっているんだから』と掛け合ったものです。でも、『ロッテはロッテ、よその球団はよその球団だ』というスタンスでしたね。よほどいい成績を残したシーズンじゃないと、球団の言いなりになってしまう」

資格条件を満たした選手が他球団への移籍の権利を得るFA（フリーエージェント）制が日本でも導入されたのは93年のシーズンオフだった。

「プロ野球には12球団あって、それぞれに数字の価値が違っていましたね。僕はロッテで15年プレーして通算1000本以上のヒットを打ったけど、ほかの球団で同じくらいの成績の選手よりも年俸が低かった。96年にトレードで中日ドラゴンズに移った時、球団代表に『うちだったら、1億円だけどね』と驚かれました」

愛甲は38歳まで現役を続けた。ドラゴンズに移籍する頃には選手と球団との年俸に関する取り決めが細かくなっていた。

「年俸の伸び方も違ったんだけど、僕が引退する5年前くらいからオプション契約を結ぶ選手が増えてきて、猛打賞（1試合3安打以上）1回で100万円とかという話も聞きました。新聞やテレビで発表される年俸とは別に、稼ぐ選手は稼ぐ。

昔は他球団の選手と仲良くすることはなかったし、合同自主トレもしなかった。高校や大学の先輩・後輩以外のネットワークもなかったから、その球団の情報が洩れることは少なかった。今は情報交換をするから、『あの球団はシブい』とすぐにわかる」

入団1年目のオフに保留した初めての選手

球団との「銭闘」で話題を集めた選手と言えば、多くのプロ野球ファンはこの人の顔を思い浮かべるだろう。

1978年生まれのGG佐藤は、桐蔭学園(神奈川)、法政大学を経て、アメリカ・マイナーリーグのフィラデルフィア・フィリーズの1Aでプレー。2003年ドラフト会議で西武ライオンズ(現・埼玉西武)から7位指名を受けた。

佐藤は言う。

「サラリーマンの生涯年収が3億円ぐらいだから、『プロになるなら3億は稼げ』とまわりの人には言われました」

当時は、契約金2000万円、年俸700万円と報道された。

「年俸はそのくらいですが、契約金は全然違います。プロ野球選手にとって前払いの退職金みたいなものだから、『使わずに貯めとけよ』と言われるんですけども、私の場合は少なかったですね。本当は、300万円でした」

25歳でプロ野球の世界に飛び込んだ佐藤への期待は高くなかった。

「その頃の一軍最低年俸は1500万円でした。一軍に上がれば、一軍最低年俸に足りない分を日割りにした金額が1日ごとにチャリンチャリンと入ってきます。もし開幕から最後までずっと一軍にいれば、1500万円を稼ぐことができる。絶対にやってやろうと思いました」

プロ1年目の04年、佐藤は45試合に出場している（打率2割9分8厘、3本塁打）。

「長い期間、一軍にいたので、1年目は1000万円か1100万円くらいはもらったと思います。でも、年俸のベースはあくまで700万円。レギュラーにならない限り、年俸はなかなか上がっていきませんね」

佐藤はライオンズに指名される前に、「ハンバーガーリーグ」と呼ばれるアメリカのマイナーリーグを経験している。

「そう言われる通り、月曜日はマクドナルド、火曜日はウェンディーズ、水曜日はケンタッキー、木曜日がバーガーキングで、金曜日はタコベル。それで、土曜日にマクドナルドに戻るの繰り返しです。これ、マジです。でも、アメリカ人はすごくて、店によってポテトがちょっと違うだけで『今日のポテト、うまいね』って喜ぶんです（笑）」

そんな環境で選手たちは心身ともに鍛えられる。

「アメリカの選手は大丈夫なんです。私はシーズンが終わる頃、15キロから20キロくらいは痩せましたが、彼らは体重もパワーも落ちない。ナイターが終わるのが22時とか23時ですから、その時間に開いている店は、ファストフードくらいしかないんですね。店にチームのバスを横づけして『なんか買ってこい』と言われて、食料を確保したらすぐに次の場所に移動です」

それと比べれば、日本のプロ野球は天国だと佐藤は感じたという。

「どの球団にも寮があるし、朝昼晩の食事に加えて夜食も出る。それでいて寮費は月額3万5000円くらい。お風呂にはいつでも入れるし、アイシング用の氷はあるし、ドリンク類も揃っているし、プロテインもあります。最高の待遇です。寮のすぐそばにグラウンドがあって、練習しようと思い立ったら1分後には始められます」

佐藤はそんな環境で腕を磨いた。

「私は寮に2年間いました。3年目もいたかったんですが、『いい加減にしろ』と言われてしまい……ルール的に許されるなら、ずっといたかった。野球をやるには最高の環境だし、お金も貯まるし」

佐藤は7位指名としては上々の成績を残し、初めての契約更改に臨んだ。

「1年目のオフから、いきなり契約交渉で保留した選手は私が初めてだったそうです。日本プロ野球で史上初！　球団の人には『本当に保留するのか？』と何度も聞かれました」

レギュラーでもない選手の思いがけない主張に球団側も困惑したことだろう。

「きっと『めんどうくさいやつだなあ』と思っていたでしょうね。私はアメリカナイズされていたっていうのもあるし、『やった分はもらわないと』という思いはありました。

お金が貯まってきたなと感じたのは、年俸3000万円を超えたあたりから。お金が入ってくればくるだけ使ってしまうものですけど、それでも3000万円も年俸があれば、かなり貯まります。自分に対して『やるね、おまえも』と思ってました(笑)」

佐藤のパワフルな打撃は、チームの中で貴重な戦力になっていく。

ファンから「銭ゲバ」とヤジられた

プロ4年目の2007年は、136試合に出場して打率2割8分0厘、25本塁打、69打点。そのオフに「調停騒ぎ」が起こった。

「やっとレギュラーになって、年俸1300万円から希望金額まで上げるのに、6回くらい保留しました。交渉のために代理人を立てたのはライオンズでは私が初めて。

代理人にお願いして、6回保留したあげく、大騒ぎになりました」

選手と球団がいくら交渉してもまとまらない場合、選手には年俸調停を申し立てる権利がある。佐藤の調停は、7例目となった。

「球団といくら話をしても、ビタ一文、動きません。何をどう交渉しても、1円も上がらない。泣き落としも通じない。最初の金額のまま、ずっと平行線。

あの時は感情ばかり行き違っちゃってました。双方の差が1000万円くらいありましたね。でも、NPB（日本野球機構）に調停の申請に行ったら、NPBの人がライオンズの人に、『揉めているみたいだけど、この程度の金額で調停するのはやめなさい。来年の四番バッターなんだから、ちゃんと払うべきじゃないですか』と言ってくれたんですよ」

佐藤の場合は、「示談」をすすめられて、球団が譲歩する形で年俸が上がった。

「NPBの人が球団に『歩み寄りなさい』と言ってくれたおかげです。でも、年俸で揉めても、お互いにあまりプラスはないですよね。球団は『シブチン』だと思われるし、選手は金に汚いと思われて……球場ではよく『銭ゲバ』とヤジられました」

年俸が上がっても、失うものも多い。

「ひとりだけほめてくれた人がいます。オープン戦の時に落合博満さんに呼ばれて、『よくやった。とことん戦え。おまえの気持ちはわかるぞ』と言ってもらいました。

頑張った時には頑張った分だけお金をもらったほうがいいと思うんですが、あまりやりすぎると球団に残れなくなるんじゃないかと考えるから、揉めることを避ける選手が多いですね。円満な関係を保っていて、クビになった時には『めんどうをみてくださいね』というパターンが多い」

佐藤はその後も活躍を続けた。08年は打率3割0分2厘、21本塁打、09年は打率2割9分1厘、25本塁打を記録している。

32歳になる10年の年俸は1億5000万円になった。しかし、53試合出場で6本塁打、打率2割0分4厘と成績を落とし、翌11年は6300万円の大幅ダウン。

「年俸1億円以上の選手は40パーセント、それ以下の選手は25パーセントを超えて減額されないという規定がありますが、本人の同意を得てその制限以上に下げられることが多くなっています。ダメな時はバッサリ！　そのあたりは容赦がないですね。

私の場合は、まさに〝満額ダウン〟。成績が悪い時にはおとなしくしておこうと思い、素直に一発サインしました」

1億円プレーヤーになった佐藤は、11年のオフには戦力外通告を受けて、年俸はゼロになった。

「私の場合、気持ちが切れちゃった部分があるんですよね。当時の土井正博ヘッドコーチには『3年間、成績を残してやっと一人前だ』と言われて、頑張って1億円に到達してから目標を失ったような感覚になりました」

11年、若返りを図ったチームで活躍の場はなく、そのオフに戦力外を通告された。

佐藤に何が起こったのか？

「理由がわかったらよかったんですけど……急に打てなくなりました。ケガもしたし。球団を経営する側からすれば、選手は商品です。商品価値がなくなれば、バッサリ切られるのは仕方がない。プロ野球の世界はそういうもんだと思っていました。だからこそ、いつ切られてもいいようにプレーしていましたし、球団に媚びるつもりもありませんでした。自分が切られた時も、『そういうもんだな』と素直に受け入れました」

佐藤は13年に千葉ロッテマリーンズに入団。14年限りでユニホームを脱いだ。プロでの通算成績は、587試合に出場して打率2割7分6厘、88本塁打、270打点。入団時に「3億円」の目標を掲げた佐藤は、9年間でそれ以上を稼いだことになる。

プロ入り1年目のオフの契約更改で球団提示を保留するという“武勇伝”をもつGG佐藤

中継ぎ投手として初の1億円プレーヤー

佐野慈紀は1986年夏の甲子園で準優勝した松山商業（愛媛）の二番手投手。高校卒業後、近大工学部に進み、エースとして全日本選手権出場を果たした。90年のドラフト会議では近鉄バファローズから3位指名を受けた。

プロ1年目の91年に38試合に登板し、6勝2敗2セーブ、防御率3・82という成績を残し、92年は31試合に登板して、4勝2敗1セーブ、防御率4・12。以降、シーズンを通して、コンスタントに40試合以上登板するセットアッパーの地位を確立した。

佐野が言う。

「当時は、今ほど中継ぎ投手の評価は高くありませんでした。でも私は、投げさせてもらえるのなら毎日でもマウンドに上がりたかった。いつも必死でした。ものすごい投手陣の中で私の出番があるのは中継ぎだけ。毎日、投げたくて投げたくて。故障をすることなんか考えてもいませんでした。太く、短く。それでプロ野球をクビになってもいいと本気で思っていました」

若い選手を積極的に起用する仰木彬監督の方針もあり、ベテランでも調子が悪ければ外されるという危機感と緊張感がチームにあった。

プロ6年目の96年は57試合に登板して、5勝3敗7セーブ、防御率2・95という自身最高の成績を残し、シーズンオフに中継ぎ投手として史上初めての1億円プレーヤーになった。

「93年くらいから、ある程度成績を残して、主力として認められるようになりました。試合で投げても打たれない、給料も上がっていく、野球が面白くて仕方がない時期でした。それまで中継ぎ投手の誰も到達したことのない1億円プレーヤーにもなりました」

しかし、その頃から少しずつ歯車がかみ合わなくなった。エースの野茂英雄に続き、主力選手が次々に他球団へと移籍していった影響もあった。

「球団への不信感が年々大きくなっていきました。『球団のために』というよりも『球団を見返すために』と思うようになり……実は、表には出ていませんが、毎年、トレードを志願していました。言いたいことを言うために成績を残そうと、それがモチベーションになっていました」

ところが、1億円プレーヤーになったことで、佐野の心から燃えるものがなくなってしまった。

「目標を達成したことで、球団への敵対心がなくなって、もう引退してもいいかなとさえ思いました。仲間が次々にいなくなっていくし……。その頃、ひじが痛かったので検査を受けたら、靭帯を損傷していることがわかり、手術に踏み切りました」

佐野は手術から復帰し、元のポジションに戻ってから引退しようと考えたが、復帰後にかつての輝きを取り戻すことはできなかった。

98年は登板なし。99年には28試合に登板したものの、3勝8敗1セーブ、防御率5・47。シーズンオフに中日ドラゴンズにトレードされた。

「ひじの手術をする前に、球団と年俸に関する約束をしました。それを一方的に反故《ほご》にされて年俸を下げられ、不信感でいっぱいになりました。その時に一度、『もうやめます』と言いました。結局、出来高制にして、インセンティブをつけた契約にしましたが、もう、気持ちが全然ダメでした。移籍してから心機一転頑張ろうと思ったのですが、ネガティブなものが残って……まあ、半分は不貞腐れてしまった感じでした」

意気に感じて気持ちで投げるタイプの佐野は心の支えをなくし、持ち味の攻撃的なピッチングを見失った。

「もっとできたんじゃないかという思いはあります。ちゃんとやっておけばとも思います。でも、『自分は評価されていない』という気持ちがずっとありました。踏ん張ることができなかった。これは自分でも不甲斐ないところです」

どれだけ素晴らしい成績を残したスターにも、選手寿命がある。成績が年俸に見合わないと判断されれば戦力外を通告され、移籍先が見つからなければユニホームを脱ぐことになる。

これもまた、プロ野球の世界の厳しい現実だ。

第3章

球団移籍の明と暗

２０２３年のプロ野球に異変が起きた。

21年、22年に一軍で４試合しか投げていない阪神タイガースの大竹耕太郎（元・福岡ソフトバンクホークス）が前半戦でセ・リーグの防御率トップ争いをし、ここ３年間でわずか19安打の細川成也（元・横浜ＤｅＮＡベイスターズ）が中日ドラゴンズのクリーンアップに座り、22本塁打を放っている（23年９月18日時点）。

ふたりは、22年のシーズンオフに新たに導入された現役ドラフトで移籍した選手たちだ。この移籍制度は、各球団が活躍の機会の少ない選手をリストアップし、それらの選手を他球団が指名するというもの。ほかには、15年ドラフト１位のオコエ瑠偉（東北楽天ゴールデンイーグルス→読売ジャイアンツ）、同年ドラフト３位の成田翔《かける》（千葉ロッテマリーンズ→東京ヤクルトスワローズ）などが移籍を果たした。

23年は彼ら以外にも、移籍組の活躍が目立つ。

たとえば、16年ドラフト１位でホークスに入団した田中正義《せいぎ》は、ＦＡ移籍してきた近藤健介の人的補償で北海道日本ハムファイターズに移った。開幕から抑えを任されてプロ初勝利をマークし、前半戦だけで14セーブを挙げた。

大竹の推定年俸は２０００万円、細川は９９０万円、田中は１２００万円だが、シーズンオフに大幅アップするのは間違いない。

ドラゴンズでレギュラーを外れていた京田陽太はベイスターズで、ファイターズの控え捕手の宇佐見真吾はドラゴンズで、読売ジャイアンツの外野手・石川慎吾は千葉ロッテマリーンズで、タイガースで大砲候補と期待されながらブレークできなかった江越大賀はファイターズでそれぞれ働き場所を得た。

球団を移ることで選手が奮起するのか、監督やコーチの評価が変わるせいなのか――前の球団で「飼い殺し」あるいは「塩漬け」になっていた戦力が生き生きとプレーしている。彼らが23年のプロ野球を活性化したことは間違いない。

交換トレード、球団の移籍によって、選手はどう変わるのだろうか。

ロッテオリオンズ、千葉ロッテマリーンズで15年間プレーした愛甲猛は1995年オフ、無償トレードでドラゴンズのユニホームを着ることになった。ボビー・バレンタイン監督のもとで出場機会が激減したからだ(94年：111試合、95年：46試合)前年に6500万円だった年俸は3000万円に下がった。しかし、97年には93試合に出場し、打率2割8分3厘の好成績を残し、代打の切り札として勝負強さを発揮した。

99年には38試合に出場。打率3割8分7厘でドラゴンズのリーグ優勝に貢献した。引退した2000年の年俸は4000万円だった。

ユニホームを脱いだ時、愛甲は38歳。プロ20年間で5億円を超える年俸を稼いだことになる。

オリオンズでゴールデングラブ賞を受賞（89年）、オールスターゲームにも出場（89、91年）した愛甲は、ドラゴンズに移籍したことでリーグ初優勝と日本シリーズ出場を果たすことができたのだ。

移籍先で初めての日本一に

近鉄バファローズに入団した1989年にリーグ優勝を経験した中根仁は、97年のオフに横浜ベイスターズ（現・DeNAベイスターズ）に移籍している。98年の年俸は4500万円だった。

自身がトレードされると聞いた時、中根は何を思ったのか。

「ラッキーだなあと思いました。近鉄から仲間がどんどんいなくなっていった時期で、違うチームで野球をやりかたったた。ベイスターズに移籍して驚いたのは、スタジアムやロッカーがきれいなこと、お客さんがいっぱい入ること。

近鉄の本拠地だった藤井寺球場は鳴り物禁止だったので、にぎやかだなと思いました。プロ1年目、優勝争いをしているのに、シートノックの段階で外野席に10人ぐらいしか人が入っていなかったことがあって……先輩に『おまえ、人数を数えろ』って言われましたよ（笑）」

「人気のセ」と言われたセ・リーグとは比較にならないほどの観客数だった。

「近鉄の時は試合中も静かで、観客同士の会話や携帯電話の声がグラウンドまで聞こえてきましたから」

98年、中根を加えたベイスターズは「マシンガン打線」と強力な先発投手陣、絶対的な抑えだった「大魔神」佐々木主浩の活躍で38年ぶりのリーグ優勝を果たし、日本シリーズで西武ライオンズを下して日本一に輝いた。

「ベイスターズが優勝したこともあって、あの年は本当にすごかった。日本シリーズで優勝したら分配金をもらえるんです。貢献の度合いによって、主力、控え、裏方まで分けられるんだけど、その金額も全然違いました。近鉄の時は、一番多くもらった人でも90万円くらい。ベイスターズとは3倍以上の差がありました」

優勝記念の品にも差があった。

「ベイスターズでもらったごっついリングは60万円以上もしたと聞きました。近鉄の時にはネックレスをもらったんですが、鎖の部分が絡まって……ある先輩は『ガチャガチャで買えるぞ、これ』と言ってましたね」

移籍1年目、中根は70試合に出場して、打率3割0分1厘、4本塁打、31打点をマーク。4500万円だった年俸は6000万円になった。

2000年には103試合に出場して打率3割2分5厘、11本塁打を記録して、年俸は8000万円まで上がった。

「やっと貯金ができるようになったのは99年ぐらいですね。年俸6000万円でも、半分は税金。年齢も30代になって遊び疲れたところだったので、遊興費も少なくて済みました（笑）」

03年限りで引退した中根の年棒総額は6億円を超えた。

「そんな実感はまったくありませんでした。15年もプロでやっても全然」

安定した職を捨ててプロ野球へ

中学時代は帰宅部、27歳でプロ野球に飛び込んだ西川慎一もまた、トレードによって選手生命が延びた選手のひとりだ。

大洲農業（愛媛）で本格的に野球を始め、最高成績は県大会ベスト8。高校卒業後に社会人野球のＮＴＴ四国に進んだ。ここで、渡辺智男《とみお》（元・西武ライオンズ）、西山一宇《かずたか》（元・読売ジャイアンツ）、山部太（元・ヤクルトスワローズ）などのちにプロ野球に進む投手たちとしのぎを削った。

１９９３年ドラフト2位で近鉄バファローズに入団した西川が当時を振り返る。

「プロ野球選手になるのが、子どもの頃の夢でした。26歳になってもあきらめてはいなかったのでうれしかったですね。嫁さんには泣かれましたけど（笑）」

ドラフト会議で指名されたのは、ＮＴＴ四国に就職して9年目のことだ。

「ＮＴＴは安定した会社ですし、野球をやめてからもそのまま勤めることができる。生まれたばかりの子どももいて、幼い子どもを連れて知らない土地で生活することに不安があったと思います。嫁さんには『5年間だけやらせてくれ』と言って、プロ野球の世界に飛び込みました」

入団する際の契約金は7000万円、1年目の年俸は1000万円だった。

「9年間、社会人を経験しているので、お金のありがたみはよくわかっていました。そういうことを知らずにプロに入って大金を手にしたら、どうなっていたかわかりません」

プロ1年目の94年の一軍登板は3試合、95年は登板なし、96年は12試合しか投げなかった。中継ぎ投手として頭角を現すのは97年からだ。51試合に登板して、防御率は3・00。

「ピッチングコーチだった小林繁さんに気に入ってもらって、試合で投げられるようになりました。98年にはもっと使ってもらいました（61試合、防御率2・87）」

30歳を過ぎてから、やっと西川は一軍で働き場所を与えられた。

「年俸をたくさんもらうに越したことはないけど、やっぱり野球が好きなので、あまり気にしませんでした。もちろん、上がるほうがいいですけど。同じチームの佐野慈紀など中継ぎのみんなで、『もっともらえるようになろうと』と頑張ってました。でも、先発投手に比べれば評価は低かったですね。『3年連続で50試合以上投げたら上げてやる』という感じでした」

西川はよくイチロー（元・オリックス・ブルーウェーブほか）の打席でマウンドに上がった。

「コーチからは『当ててもいいから、際どいところを攻めろ』と言われていました。当時のイチローは調子が悪い時がない。だから、足元に厳しいボールを投げて、調子を崩そうという狙いだったと思います。オリックスの監督だった仰木彬さんには『わざとじゃないやろな』と怒られました。おそらく、3個くらいデッドボールを当てたと思います」

左の好打者対策として、チームに欠かせないサウスポーだった。

「イチローがメジャーリーグに行く時、『おまえも一緒にアメリカに行け』と小林コーチに言われたことを覚えています」

タイガース移籍でプロの醍醐味を味わう

2年連続で50試合登板を果たした西川だが、1999年は22試合の登板に終わった。

近鉄、阪神、広島の3球団で12年間にわたりプロ生活を送った西川慎一

転機となったのは2000年。シーズン途中に野村克也監督が指揮をとる阪神タイガースにトレードされた。

「ショートの吉田剛、僕のふたりと杉山賢人との2対1のトレードでした。阪神が欲しかったのは吉田で、近鉄からは『いらん』と言われたようなものです。そこで『なにくそ！』と思ってプレーしました」

まだまだセ・リーグとパ・リーグでは人気面でも報道の量でも大きな差があった。

「甲子園球場はものすごく投げやすかったですね。本当に球場が揺れるんです。タイガースという華やかな球団で、本当にいい経験をさせてもらいました」

シーズン途中の移籍にもかかわらず、西川は45試合に登板し、2勝を挙げた。防御率は1・93（いずれもタイガースでの成績）。

「移籍してから、電話がジャンジャンかかってくるようになりました。田舎では巨人戦のテレビ中継を見ている人が多いですから。それまで連絡のなかった人から『頑張っとるな』と言われました（笑）。

近鉄の最後には年俸が2100万円まで下がっていたんですけど、おかげで3000万円を超えました」

しかし、野村監督は翌01年に更迭された。02年に後任の星野仙一監督が指揮をとるようになってから、登板数が減った。01年は28試合登板で防御率7・78、02年は5試合の登板で防御率14・73。35歳の西川は戦力外通告を受けた。

その後、テストを受けて広島東洋カープに入団。03年は43試合に登板したものの、防御率は7・15。04年は1試合だけの登板に終わった。

「03年はギックリ腰になって1カ月ほど投げられませんでしたが、それでも43試合に投げました。翌年、ドラゴンズ戦の延長11回にマウンドに上がって、立浪和義にサヨナラヒットを打たれたのが最後の登板になりました。カープに入った時に『1年目は使ってやるけど、2年目はないよ』と言われましたが、実際にそうなりましたね」

戦力になると評価されれば出場機会が与えられるが、力がなくなったと判断されれば切られる。移籍してきた選手に対して、球団はシビアだ。温情などない。

西川はそのシーズン限りで戦力外になった。1年間、ひとりでトレーニングを積んだものの、再びユニホームを着ることはなかった。

ポスト古田の契約金は7500万円

1999年ドラフト3位で北照（北海道）からヤクルトスワローズ（現・東京ヤクルト）に入団した米野智人は、多くのスターを生んだ「松坂世代」の1学年下だ。ドラフト同期には桐生第一（群馬）で日本一になった正田樹（元・日本ハムファイターズほか）、メジャーリーグでもプレーした川崎宗則（元・福岡ダイエーホークスほか）がいる。

米野は、スワローズの正捕手・古田敦也の後任になりうる選手だと期待されていた。入団時の契約金は7500万円。3位指名の高校生にとっては破格とも言える金額だ。

米野は言う。

「当時、高校生のドラフト1位がもらえるのは8000万円くらいでした。それと同等の評価をしていただいたんだと思います」

古田との年齢差は17歳ある。球界きっての名捕手も、30代半ばにさしかかっていた。米野が成長すれば、古田に代わって正捕手を任されることになるはずだった。

しかし、2000年以降も古田はマスクをかぶり続けた。選手兼任監督になるまで、チームに勝利をもたらす司令塔であり、打者としても通算2000安打を打つ好打者だった。

「近くでプレーできていろいろと勉強になりました。でも、古田さんは僕にとって、ものすごく高い壁でした」

米野の1年目の年俸は700万円。「2、3年頑張って、一軍に上がってこい」というのが球団の思いだっただろう。

「高校からプロに入ってきて、レベルが違うことがすぐにわかりました。『いつになれば一軍で試合に出られるんだろう』と思っていました。二軍でも相当レベルが高かったですから」

投手にどんなボールを投げさせるのかを決めるのも、バント守備で内野手に指示を送るのも捕手の仕事だ。覚えることはいくらでもある。

「配球やキャッチング、サインプレーなど勉強することがたくさんあります。ピッチャーごとに投球のサインが違っていて、それを覚えるだけでもひと苦労でした。試合になるとどうしても焦るので、やっぱり大変でしたね」

150キロを超えるストレートを投げる投手、「魔球」と表現するしかないボールを駆使する投手がそろっていた。

「今、スワローズの投手コーチをしている石井弘寿さんのスライダーは衝撃でした。ほかのピッチャーとは全然軌道が違っていて、本当に捕れませんでした。簡単に言ったら、壁にぶつかってそのまま跳ね返ってくる感じ。曲がったあともスピードが落ちない。曲がり幅も大きくて怖かった……。受けるのが難しいくらいですから、バッターが打つのはもっと難しいですよね。

五十嵐亮太さん（元・東京ヤクルトスワローズほか）はストレートも速かったけど、フォークがすごかった」

116試合に出て年俸は1800万円アップ！

昔から野球界では捕手のことを女房役と表現する。投手の性格を見極めながらリードするのも大切な仕事だ。だが、なかには、気難しい投手もいるだろう。

「捕球する時の音が悪いと、いやな顔をする人はたまにいました。いや、よくいます

（笑）。ピッチャーは自分のボールが最高だと思いたい人たちなので。いいボールがきているのにボソッと捕っちゃうことがあって、本当に申し訳ないと思いました。

そんな時は、『いいボールすぎてキャッチングが悪かったです』と謝ります。先輩だったら、2、3回重ねて『すみません』と言いますね。一軍で活躍されているピッチャーのボールを受ける時には緊張しました」

プロのレベルの高さに戸惑う米野だが、肩の強さには自信があった。

「僕は肩の強さを評価されてプロに入ったと思っていました。肩だけには自信があって、もしかしたらチームの中で一番じゃないかなと」

米野が初めて一軍の試合に出たのは2001年だった。

「プロのレベルの高さに慣れるまでには時間がかかりました。プロ3年目の02年、古田さんが故障した時にチャンスをもらって、初ホームランやサヨナラヒットを打ったりしました。自分の中では『やっとプロ野球選手になれたかな』という思いはありました。でも、05年までは一軍と二軍を行ったり来たりで」

05年の推定年俸は900万円。入団した時から200万円しか上がっていない。

「ずっと、チームで3番手か4番手のキャッチャーだったと思います。振り返ってみれば、僕にとって最大のチャンスは06年でした」

1990年からずっとスワローズのマスクをかぶってきた古田が、2006年に選手兼任監督に就任した。監督1年目の06年は、米野を正捕手に据えるという構想があった。

「監督が代わったことで、チームの雰囲気も変わりました。自分にチャンスが来るという予感がありました」

05年、米野は34試合にしか出場していないが、翌年の年俸は1400万円までアップした。レギュラーとしての期待料が含まれていたのだろう。

「おそらくそうです。球団の人から、『来年がチャンスだぞ』と言われたように思います。いつもの年以上に気持ちを入れました」

06年、米野は116試合に出場して7本塁打を放ち、チームは前年の4位から3位になった。年俸は3200万円まで上がった。

「シーズンの最初はそれなりにプレーできていたんですが、後半に落ちていきました。でも、06年は自分の中ですごく充実していました。プロはやっぱり試合に出てナンボですからね」

しかし、07年はレギュラーポジションを守ることができなかった。出場試合はわずか32だった。

「せっかくもらったチャンスをモノにすることができなかった。すべては僕の実力不足です。古田さんのあとのキャッチャーに対して、まわりが求めるレベルが高かったのかもしれないけど、プロ野球選手にとってあんなチャンスが巡ってくることは少ないですから。自分がダメだったなと思います。1回のチャンスをしっかりつかまないと、2回目はなかなか来ません。

キャッチャーにとって大切なことは、チームを勝たせること。ほかのポジションに比べればやることは多いし重労働ですが、その分、勝利に対する喜びを感じることができるのがキャッチャーです。すごく大変だけど、勝てば報われるポジションです」

逆転ホームランに4700万円の価値があった！

レギュラー争いから脱落したあと、米野はどんな気持ちでプレーしていたのだろうか。

「2007年に32試合しか出られず、精神的にはきつかったですね。ずっとモヤモヤしたままプレーを続けていました。控え捕手という役割で、出番もなかなかありませんでしたから。自分の実力を出し切れない悔しさがありました」

08年の出場試合は16（打席は13）、09年は11試合の出場（打席は19）に終わった。

米野は10年のシーズン途中に、埼玉西武ライオンズにトレードされた。

「自分の中に行き詰まり感があって、野球が楽しくなくなっていました。野球をする喜びを感じられず……この頃、キャッチャーをやめようと思って、球団にその話をしました。『もうキャッチャーはいい。試合に出られなくてもいいから外野にコンバートしてほしい』という気持ちでいる時に、トレード話が来たんです。この年限りで引退になってても仕方がないと思っていたので、楽しく野球をやって、ユニホームを脱ぐことになってもいいと考えました」

米野は捕手として限界を感じていたが、ライオンズはその経験を評価した。

「自分の中で苦しかったことを覚えています。外野手登録になったのは12年からですね。右打ちの外野手が少ないというチーム事情があり『外野手ならチャンスがあるかも』と球団の方にも言われました。キャッチャーとして行き詰まっていたので、本格的に外野手にチャレンジしました」

12年は32試合に出場して12安打、13年は3試合、14年は12試合、15年は2試合にしか出場していない（その3年間で放った安打はわずか4本）。

この成績で16年まで現役を続けられたのはなぜか。

「12年4月の福岡ソフトバンクホークス戦でファルケンボーグ投手から打ったホームランのおかげですね。9回表ツーアウト満塁からレストスタンドに放った逆転ホームランがなかったら、その年で引退することになったかもしれません」

選手生命をつないだ一発だった。

「あれがあったから、ライオンズでプレーできたんです」

米野は引退するまでの4年間で4700万円を稼いだ。ファルケンボーグから打った逆転ホームランには4700万円の価値があったということになる。

「僕は本当に運がよかった……。あとで動画を見たら、渡辺久信監督がものすごく喜んでいて。ということは、おそらく僕が打つとは思っていなかったんでしょう。期待されてなかったんですよ（笑）。あの1本の印象が強かったらしく、そのままずっと一軍にいることができました。

ＹｏｕＴｕｂｅで見てもらったらわかるんですけど、実況をしている文化放送の斉藤一美アナウンサーが感極まって、号泣しているような感じでした。斉藤さんのおかげで、再生回数も上がっているみたいです」

トレードのおかげで34歳まで現役

16年、米野は北海道日本ハムファイターズでプレーし、そのシーズン限りで現役を引退した。

「15年オフにライオンズを戦力外になったんですが、僕は『まだできる』と思っていて、その時にファイターズからオファーをいただいたんです。選手兼コーチ補佐でという条件でした。

キャッチャーでプロに入ってきたから、最後にもう一度キャッチャーで勝負したかった。もう一度昔のポジションに戻って手応えがなければやめようと考えていました。1年間プレーして、それが全然なかったので、ユニホームを脱ぐことに決めました。16年のシーズン後に球団から『もう1年』と言っていただいたんですが」

米野がプロ17年間で稼いだ年俸の総額は2億3400万円だった。もし10年のライオンズへのトレードがなければ、この金額には届かなかったはずだ。

米野は数多くの1億円プレーヤーのボールを受けてきた。彼らは何が違うのか。

「スワローズ時代に仲がよかったのは石川雅規さんですね。身長170センチもない小さな体で、43歳になった今も一軍で投げ続けています。正直、すごみのようなものは感じませんが、ケガをしません。才能があっても、故障したら投げられなくなります。十何年も一軍で投げて、勝ち続けるのは本当にすごいと思います。

ストレートのスピードは130キロそこそこですが、バッターの体感ではもっと速い。技巧派だと思われているのに、ストレートが強いし、手元でピュッと来ます」

石川は、体力を維持し、コンディションを整えるために何をしているのか。

「特別なことをしているようには見えません。ただ、いつも淡々と、自分のペースを崩さない。秘密主義なんで、隠れて何かやっているかもしれません。誰にも言わないんじゃないですか。

長くキャッチャーをして感じたことですが、ピッチャーは基本的に、みんな『自分が一番』と思っている。そうじゃなきゃいけない部分もあります。どんどん調子に乗せたほうがいいピッチャーか、勘違いして失敗するピッチャーかを見極めて、『そうじゃないよ』『ここは気をつけて』というのをうまく伝えるのがキャッチャーの仕事ですね」

米野は34歳でユニホームを脱いだ。細く長く生きたプロ野球人生だった。

9本塁打を打って年俸が倍増！

環境を変えても、状況が好転するとは限らない。

1980年に生まれた「松坂世代」の強打者のひとりである古木克明は、同世代の中でもっとも早く騒がれた選手だった。まだ松坂大輔が聖地に足を踏み入れる前、97年夏の甲子園で2本塁打を放ち注目された二年生スラッガーだった（高校日本代表にも選出）。98年夏の甲子園では豊田大谷（愛知）のベスト4入りに貢献している。

古木はその秋のドラフト会議で横浜ベイスターズから1位指名を受けて入団した。契約金は8800万円、年俸は800万円。

しかし、期待の大物ルーキーに、はじめの2年間は一軍での出場機会はほとんど与えられなかった。

古木は言う。

「プロ1年目は、何がなんだかさっぱりわからなかった。心の余裕はまったくなくて、野球をやっていたという実感もないくらい。チームになじんでないわけじゃないけど、溶け込んではいなかったですね。

2年目になってやっと余裕が出てきて、バッティングの調子がムチャクチャよかったんですよ。だから、いつになったら一軍に上げてくれるんだろう、早く上げてくれと思っていました。でも、チャンスはなかった。引退してから、当時監督だった権藤博さんに話を聞く機会があったんですけど、一軍には上げないと決めていたそうです」

大砲候補として期待された古木だが、課題の守備はなかなか上達しなかった。

「プロに入った時、キャッチボールができなかったんですよ。先輩が投げたボールをスルーしていました。本当に、捕れなくて。僕の守備がヘタだから、いろいろな人が教えにくるんですけど、アドバイスが多すぎてわけがわからなくなって……」

それでも、豪快なスイングに大器の片りんが見える。

2002年は34試合に出場して106打席で、打率3割2分0厘、9本塁打、22打

早くから注目され、鳴り物入りで横浜ベイスターズに入団した古木克明

点を記録した。10打席にほぼ1本の割合でホームランを放った計算になる。球団の期待値もあって、年俸は倍増した（820万円→1640万円）。

「この年が一番、野球が楽しかったですね」

環境を変えたくてトレードを志願

首脳陣は守備には目をつぶって、古木をサードで起用した。5年目の2003年は125試合に出場。打率こそ2割0分8厘と振るわなかったものの、22本塁打を放ち、大物ぶりをアピールした。

「03年は、開幕カードの阪神タイガース戦でエラーをして、ボロボロになって……しんどかったですね。オープン戦で活躍したんですけど、相手からマークされたこともあって打てなくなって、苦しさを味わいました。最後のほうは代打でチャンスをもらって、30打席ノーヒットくらいだったんですけど、当時の山下大輔監督には感謝しかないですね。

このあたりから『古木は守備が悪い』というイメージが定着してしまって、それが尾を引きました」

豪快なバッティングが古木の持ち味だが、同時に粗さも目立った（三振は131個）。

「バッティングも、よくわからなかった。結果を残すことに必死で、若かったから目の前の数字ばかりを追い求めてしまいましたね。だから、中途半端な活躍しかできなかったんでしょう」

外野手にコンバートされた04年には打率2割9分0厘、11本塁打を記録している。年俸は2500万円まで上がったが、レギュラーポジションは遠かった。

何かをつかめそうでつかめないまま、古木は20代半ばになった。

「まわりを見ると、頭のいい選手が長く残っていますね。プロ野球は、そうじゃないと生き残れない世界です。05年くらいから、ずっとトレード志願をしていました。自分の起用方法に対して、心の中で『ふざけんな』と思っていたので。

06年はまずまずの結果を出しました（110試合出場、打率2割5分2厘、10本塁打、35打点）。でも、その年のオフに就任した大矢明彦さんは守備重視の監督だったので、僕に対する評価は低かったように思います」

07年、出場試合は72に減り、打率2割4分7厘、4本塁打、14打点という成績に終わった。

ここで、古木はトレードを強く志願した。

「この年は本気でした。成績が悪かったから年俸が下がるのはわかっていたし、とにかく環境を変えたかったんです」

プロ野球では、移籍する選手は前年の年俸がキープされるという暗黙の了解がある。07年の古木の年俸は2800万円だった。シーズンオフに交換トレードでオリックス・バファローズに移籍した。

テリー・コリンズ監督はメジャーリーグで監督をつとめた経歴を持つ。監督1年目の07年は最下位。08年も低迷が続き、シーズン途中で辞任することになった。そんなチームで古木は活躍の場を得ることはできなかった。

「コリンズ監督の時はよかったんですよ。でも、すぐにやめちゃって……二軍でいくらいい成績を残しても一軍に呼ばれない。そういうイライラが募って、練習中にコーチと衝突したことがありました。胸倉をつかまれて、にらみ合いになりました。バチバチやりあった翌日、ちゃんと謝りましたけど、そういうことがあって球団から切られたんだと思います」

08年は21試合出場（打率2割2分2厘）、09年は9試合のみの出場に終わり（打率2割3分1厘）、戦力外通告を受けた。

古木がプロ11年間で放ったヒットは312本、本塁打は58本。大器は覚醒することなく、球界を去った。

「自分の成績にはまったく納得していません。自分の中では恥ずかしい成績です。でも、同世代の中で、通算ホームランのトップが村田修一（元・読売ジャイアンツほか）で、僕は4位らしいです。けっこう頑張ったなと思います」

オリックスの誘いを蹴って新球団へ

球界再編の流れが起こった2004年。近鉄バファローズがオリックスに合併され、宮城県仙台市に本拠地を置く東北楽天ゴールデンイーグルスが誕生する――。

近鉄最後の選手会長だった礒部公一が言う。

「近鉄がオリックスと合併する時、自分で選んで楽天に行きました。歴史もなく、設備も戦力も十分ではなかった。本当に真っ白な状態から、みんなでチームをつくっていきました」

近鉄に所属した選手の中から25人をオリックスが指名し、選から漏れた選手が楽天へ。新球団のメンバーで実績があるのは礒部のほかにはエースの岩隈久志くらいしかいなかった。

「メジャーリーグで新球団ができる時には、各球団から選手が入ってくる。でも、この時はそんなことはなくて……僕は近鉄という球団が残るように最後まで動いていたこともあって、オリックスでプレーする気持ちはありませんでした。新しい球団でゼロからスタートしたいと思っていました」

オリックスの新監督には、仰木彬が就任することが決まっていた。

「今だから話せますが、仰木さんに大阪のホテルに呼ばれて、向かい合ってふたりで話をしました。横にお酒が置いてあって。『一緒に野球をやらんか』と言われたんですけど、丁重にお断りしました。そのあとはお酒を飲みながら、いろいろな話をさせていただきました」

１９８９年に近鉄の監督としてリーグ優勝の経験もある仰木が、この合併問題に心を痛めなかったはずがない。

「仰木さんには、『おまえらが頑張った結果、新しい球団ができたんやからな』と言っていただきました」

文字通り、ゼロからのスタートとなった。

「2004年11月に（東北楽天ゴールデンイーグルスの）結団式をやりまして、その2日後ぐらいから近鉄が使っていた藤井寺球場で、1週間ほどキャンプをやりました。道具や設備などは近鉄のものを使わせてもらいましたが、スタッフはいないので選手たちで準備や片づけを全部やりました。メンバーは40人くらいいたと思います。『これからどうなるんだろう』と不安しかなかったですね」

選手たちが着ていたのは練習用の白いユニホームだった。

「新しい球団なので、白いユニホームでということでした。高校以来だったので、とても新鮮で、『昔はこんなので野球やってたんやなあ』と思い出しました」

看板選手の礒部には相応の年俸が用意された。初代キャプテン、選手会長という重責も担った。

「1億5000万円の2年契約だったと思います。それに、いくつかのインセンティブがついていました。自分でいい成績を残すことも大事ですけど、どうにかして仙台に球団を根付かせたいという思いがありました」

05年の楽天は、38勝97敗1分、勝率2割8分1厘という苦しい戦いを強いられた。しかし、野村克也監督就任4年目の09年は2位になり、13年は星野仙一監督に率いられてリーグ優勝を果たし、日本一にも輝いた。

05年に打率2割6分4厘、16本塁打、51打点という成績を残した礒部は、その後もチームをリードしていった。

09年に現役を引退。プロ13年間で、通算1225安打、97本塁打、517打点を記録した。17年限りでチームを離れるまで、8年間コーチもつとめた。

ベテランと監督との難しい関係

トレードが未遂に終わった話がある。

もう35年も前のことだ。

2005年にスタートした新生オリックス・バファローズの監督に就任した仰木彬は、現役引退後の1968年、西鉄ライオンズ（現・埼玉西武）のコーチとして指導者人生をスタートさせた。70年に近鉄の守備走塁コーチになり、84年にヘッドコーチ昇格。88年に53歳で監督に就任した。

そのチームの顔的存在だったのがベテランの栗橋茂だった。

栗橋が当時を振り返る。

「仰木さんにはずっとかわいがってもらっていたから、兄貴みたいに思っていたんだよ。だけど、こっちが歳をとってくると扱いは違ってくるから。

ある日、練習中にクッションボールの処理に失敗したら『この年寄り、しっかりやれ~』みたいなこと言うから、頭にきて言い返したことがあった」

好成績を残しているうちはベテランに対してものを言う者はいない。だが、衰えが見えはじめると、まわりの対応は変わる。勝負の世界では仕方がないことだろう。

「そのあとも、仰木さんには冷たくされたよね。ちょっと揉めたあとが長い。仰木さんは新しもの好きで、若い選手が出てきたらすぐに使う。それまで阿波野（秀幸）、阿波野って言っていたのに、野茂（英雄）が入ってきたら、野茂、野茂だもん」

頻繁に、スターティングメンバーも打順も入れ替えた。実績のあるベテランにとって、若い選手と同じ扱いをされるのは面白くない。

「次から次に新しいものをつくり出すんだけど、目移りするのが早い分、『冷たいなあ』と感じることが増えたよね。でも、勝負師ってそういうもんだよ。プロ野球で何回も勝つ人は特にね。そうじゃないと、チームは強くならない」

85年は128試合に出場して打率2割6分7厘、18本塁打、56打点。86年に106試合出場で、打率2割7分0厘、16本塁打、56打点という成績を残した栗橋だが、87年からはスターティングメンバーから外れることが多くなった。

栗橋が続ける。

「ベテランは歳をとればとるほど、チームの中で浮いてくるからね。外からもわかるみたいで、西武ライオンズの森祇晶《まさあき》監督に、『うちはベテランを大事にするよ』と言われたことがある」

実際に、仰木からトレードの打診を受けたことがあったと栗橋は言う。

「引退する2年ほど前、試合前の練習中に、仰木さんから『クリ、阪神から話が来てるけど、どうする?』と聞かれた。『仰木さん、俺を出すの? じゃあ、やめる』と答えたら『わかった』とだけ言ったよね」

ベテランへの心遣いだったのだろうか。トレード話は進展しなかった。

「でも、あの時、出してくれたほうがよかったかな。ベテランを腐らせるのは簡単だよ。試合で使わなきゃ、いずれダメになる」

栗橋はその後も現役を続け、89年のリーグ優勝を見届けてから38歳でユニホームを脱いだ。

合意したはずの契約事項が守られずに退団

1956年生まれの西本聖は、松山商業（愛媛）のエースとして活躍したのち、74年ドラフト外でジャイアンツに入団した。プロ3年目の77年に8勝をマークし、80年には先発ローテーションの柱として14勝を挙げた。

それ以降、85年まで6年連続で二桁勝利を記録し、江川卓とともにジャイアンツの二枚看板としてチームの勝利に貢献し続けた。81年に沢村賞と日本シリーズMVPを獲得している。中日ドラゴンズに移籍した89年にはいきなり20勝を挙げ、最多勝利のタイトルを獲得した。

90年に11勝をマークした西本。だが、翌年、胸椎を痛めて動けなくなった。「成功率は60パーセント。40パーセントは失敗する可能性がある。もし失敗したら、一生、車いすが必要になるだろう」とドクターに宣告された大手術に挑み、脊椎《せきずい》軟骨を除去することに成功した。手術代は3000万円かかったという。

西本はその時、35歳、すでにジャイアンツで126勝、ドラゴンズで33勝を挙げていた。リーグ優勝も日本一も経験したし、沢村賞、最多勝など数多くのタイトルも手にした。

西本は言う。

「野球をやり切ったとは思えなかった。まだやれるという思いもあったしね。ドラゴンズで20勝できたことは自分の中では誇りです。ストレートの球速は135か136キロくらい。変化球はカーブとシュートしかなくても、そういう数字を残せたから。ピッチングとはどういうのかをもっと伝えたいと思っていました。だから、もう一度マウンドに立ちたかった」

92年に残した1勝11敗、防御率4・88という数字は、全盛期の西本からすれば物足りない。しかし、大手術、そしてリハビリの直後であることを考慮すれば十分評価に値するものだった。14試合に登板し、投球回数は75回と3分の2。

93年にオリックス・ブルーウェーブに移籍し、13試合に登板。5勝5敗、防御率4・41という成績で、故障明けの前年に比べれば充実したピッチング内容だった。ストレートは130キロも出なかったが、ほとんどの試合で5回以上きっちり投げた。

「たった1年だったけど、オリックスではいろいろ勉強になりました。イチローとも一緒にプレーできたしね」

退団した理由は、契約内容の相違だった。インセンティブ（出来高制）が織り込まれているはずだったのに、それがうやむやになっていた。金のためにプレーしているわけではない。だけど、一方で、プロ野球選手の評価は年俸でしか測れないというのも事実だから」

西本は新しい働き場所を探すことに決めた。

「僕は命がけで手術を受けて、またグラウンドに戻ってきた。あと何年プレーできるかはわからない。約束を守ってくれるチームで働きたいと思ったので、『自由契約にしてほしい』と自分から言いました」

最後にユニホームを着るのならこの球団しかない。西本は長嶋茂雄が指揮をとるジャイアンツに復帰しようと考えたのだ。

しかし、投手陣が充実している古巣にかつてのエースが入り込む余地はなかった。槙原寛己、斎藤雅樹、桑田真澄の強力な三本柱がローテーションを守っていた。

「それでも、長嶋さんとまた一緒に野球がしたい、胴上げをしたいという思いで、入団テストを受けました。2回のテストの結果、やっと合格をもらいました」

西本の背番号は以前長嶋がつけていた90だった。しかし、オープン戦で一度しか登板機会を与えられず、ずっと二軍暮らしが続いた。投手コーチにとって西本は扱いづらいベテランでしかなかった。「投手コーチが西本は使わないと言っている」という記事が新聞に載った。

「堀内恒夫コーチには、テストを受ける前に直接会ってあいさつして、自分の気持ちを話しました。『次に200勝できるのはお前しかいないと思う。でも、同じ実力なら若い選手を使う。若い選手を奮起させるためにおまえのことを利用させてもらうぞ』と言われました。プロならば当然です」

しかし入団後、コーチとベテランの関係はしっくりいかなかった。

94年シーズン、ジャイアンツはドラゴンズと最後までリーグ優勝を争い、「10・8決戦」を制してリーグ優勝を飾った。ナゴヤ球場で長嶋が宙に舞ったが、歓喜の輪の中に西本の姿はなかった。

「テストを受けさせてもらって、長嶋監督のもとで最後に野球ができたことを感謝しています。プロに入った時の監督が長嶋さんで、プロ20年目もまた長嶋さんだった。選手としてはこんなに幸せなことはないでしょう。選手としてやり切ったというのとは違いますが。

それまで、長嶋監督は一度も日本一になったことがなかった。長嶋監督を日本一にするために、1イニングでも、一球でも貢献したいという思いがありました。だから、ジャイアンツのテストを受けたのです。でも、一軍では一度も投げることができませんでしたけど……」

もし、最後まで優勝争いが続かなければ、西本の引退登板が実現するはずだった。だが、それは幻と消えた。その代わりに、95年1月に多摩川グラウンドで引退試合が行われた。若手の頃、泥だらけになって走り回った思い出のグラウンドに、同期入団の定岡正二、後輩の桑田真澄らの顔があった。

長嶋もグラウンドに駆け付け、最終回には代打で登場するサプライズもあった。西本にとって最後のバッターが長嶋だった。

「僕にとって、あれ以上の引退試合はなかったですね。私服で長嶋さんが来てくださり、最後に対戦できたんですから」

94年限りでユニホームを脱ぐまでの19年間で、西本は165勝128敗17セーブ、防御率3・20という成績を残した。80年代の日本プロ野球界を代表するピッチャーは静かにユニホームを脱いだ……。

12球団しかないプロ野球。だが、環境が変わることで活躍の機会を得て大きく成長する選手もいれば、チャンスをつかめずに腐る選手もいる。

そこには、運・不運も人の縁もあるだろう。

奮起する者もいれば、心が折れる選手もいる。

球団移籍の明と暗——これからもプロ野球からなくなることはない。

第4章

FAは
つらいよ……

1993年のシーズンオフ、日本でFA（フリーエージェント）制度が導入された。NPBが定める資格条件を満たした選手に対して、他球団との交渉・移籍の権利が与えられた。

この年、4人のスター選手が新しい球団への移籍を決めた。

駒田徳広（読売ジャイアンツ→横浜ベイスターズ）
松永浩美（阪神タイガース→福岡ダイエーホークス）
石嶺和彦（オリックス・ブルーウェーブ→阪神タイガース）
落合博満（中日ドラゴンズ→読売ジャイアンツ）

いずれも、長年レギュラーとして活躍したベテラン選手。プレーヤーとしてより高く評価してくれる球団へと移っていった。

94年以降も、各球団のスター選手が新天地を求めてFA移籍を果たす。

金村義明（近鉄バファローズ→中日ドラゴンズ）

石毛宏典（西武ライオンズ↓福岡ダイエーホークス）
広沢克己（ヤクルトスワローズ↓読売ジャイアンツ）
山沖之彦（オリックス・ブルーウェーブ↓阪神タイガース）
川口和久（広島東洋カープ↓読売ジャイアンツ）
工藤公康（西武ライオンズ↓福岡ダイエーホークス）

96年に清原和博（西武ライオンズ↓読売ジャイアンツ）、99年に佐々木主浩（横浜ベイスターズ↓シアトル・マリナーズ）、2000年には新庄剛志（阪神タイガース↓ニューヨーク・メッツ）がＦＡ移籍を果たして話題となった。

他球団の看板選手を三顧の礼で迎え入れるにあたって、チームはできうる限りの好待遇を約束する。巨人との争奪戦となった清原和博のＦＡ移籍の際に、当時のタイガース吉田義男監督が「タテジマのユニホームを横縞にしてでも」と口説いたほどだ。

ＦＡ制が導入された時は、９年以上一軍でプレーした者しかこの権利を行使することができなかった。以降二度の改定があり、現在では最短7年（高卒選手は8年）でＦＡ移籍が可能になった。

FA権を行使するのか、しないのか

プロ1年目から一軍で活躍した川崎憲次郎がFA権を行使することを表明したのは2000年シーズンが終わったあとだった。川崎はもうすぐ30歳になろうとしていた。

1998年は28試合に先発して、17勝（9完投・3完封）10敗、防御率3・04という成績を残し、最多勝利のタイトルを手にし、沢村賞にも選ばれた。川崎は年俸を1億円の大台に乗せた。

川崎は言う。

「プロ野球選手として稼げるようになったと思えたのは、年俸が1億円になってからですね。それまでも悪くはなかったけど、チームの中にはもっともらっている選手がたくさんいましたから」

チームには予算があり、結果的に、好成績を残した選手で取り合う形になる。

「年俸が上がれば上がるほど、『やって当然』と思われていたようなところがあります。98年は僕が一番飛躍した年で、1億円に届いたことで『やっと認められたのかな』という思いがありました」

川崎憲次郎はヤクルト在籍12年間で88勝を挙げるも、FAで移籍した中日で勝ち星を挙げることができなかった

FA権を行使するのか、しないのか——自分でもぼんやりと考えるようになっていた。

川崎は当時をこう振り返る。

「僕ははじめ、スワローズから出る気はありませんでした。99年、2000年は成績がよくなくて、思うように勝てないでへこんでいた時期です」

自身の成績がふるわない、ならば環境を変えてみようかと思わないこともなかった。

「2000年シーズン途中でFAの権利を得て、球団との交渉はシーズンオフにすることになるんですけど、やっぱりいろいろ考えますよ。このままスワローズに残ろうか、それともどこかでプレーしようか、と」

1999年に7勝11敗だった川崎は、2000年は8勝10敗に終わった。

スワローズで積み上げた勝利数は88。これをスワローズはどれだけ評価してくれるのか、ほかにも獲得に動く球団があるのだろうか。川崎の心は揺れる。

「シーズン中も、新聞記者たちが『どうするんですか』と探りにくる。出るとも出ないとも答えようがなかった」

他球団が選手と直接交渉をすることは禁止されているが、誰かの意向を受けた密使が飛ぶことがある。

「僕の場合、そんなことは一切なかったですね。FAの解禁日になるまで、どこども話をしませんでした」

00年の日本シリーズは、王貞治率いるホークスと長嶋茂雄監督が指揮をとる巨人が激突し、巨人が日本一に輝いた。

「日本シリーズが終わって交渉が解禁になった時、最初に手を挙げてくれたのが中日ドラゴンズでした。そのあとがボストン・レッドソックス。最後がスワローズでしたが、あまり積極的ではありませんでした」

FA宣言をしてドラゴンズを選んだ理由

当時のドラゴンズの監督は、2018年1月に逝去した星野仙一だった。

「星野さんに『おまえが欲しい』と言ってもらいました。はじめからドラゴンズは年俸2億円を提示してくれました。交渉事なんで、表に出せないことばかりだったんですけど、自分が話していないことも新聞には書かれましたね」

高額年俸が絡む移籍だけに、報道も過熱していった。

「3球団の中で一番条件がよかったのがレッドソックスで、破格の数字を提示されました。ドラゴンズより全然上でした。僕にはメジャーに対する憧れがあって、一度はあのマウンドに立ちたいと思っていました。それが最大の夢でしたし、野球以外に、語学や文化も学べるいい機会だとも思いました」

1995年の野茂英雄（ロサンゼルス・ドジャース）に続き、97年に長谷川滋利もオリックス・ブルーウェーブからアナハイム・エンゼルス（現・ロサンゼルス）に移籍、千葉ロッテマリーンズでプレーしていた伊良部秀輝がニューヨーク・ヤンキース入りしている。

彼らよりも若い川崎に対して、メジャーリーグの名門であるレッドソックスは好条件を提示した。

「日本の球団と違ったのは、インセンティブ（出来高）ですね。それだけで、1億円くらいありました。先発登板でいくら、何勝以上すれば、そこから1勝ごとにいくら、と。アメリカは契約社会なので細かく決まっていて、日本との往復の飛行機代のことまで書かれていました。家族何人分までOKとか。

代理人を通じて交渉しましたが、こちらの希望は何でも通る感じでした。交渉のテーブルでいろいろなやり取りをして、『すごいな、やっぱりメジャーだな。こんなことが通るのか』と思いました」

レッドソックスが出した条件をドラゴンズは調査していた。直接交渉の場に立った川崎が主張するまでもなく、レッドソックスと同等の金額、待遇が用意されることになった。

「ドラゴンズはレッドソックスの数字を知っていて、『もっと上げるよ』と言ってくれました。僕は『その必要はありません。お世話になります』と伝えました」

悩んだ末に、なぜドラゴンズを選んだのか。

「星野さんの、『巨人にだけ勝ってくれればいいから』という言葉があったから。僕自身、巨人を倒すことに生きがいを感じていたので、その言葉は効きましたね。星野さんの巨人戦の勝利数が35で、僕が29でしたから、6勝すれば追いつけるなと思ったことを覚えています。

決定打は星野さんの男気と、打倒巨人という目標ですね。東京に対して闘志を燃やす名古屋にある球団で星野さんの記録を抜こうと思いました」

スワローズは今も、選手を大事にするファミリー球団として知られている。川崎も育ててもらった恩義を感じていた。しかし、選手にとって、最初で最後になるかもしれない大きな決断だった。

「ずっとお世話になった球団を離れるさびしさはあったし、FAを使わないで残るという選択肢もありました。慣れた球団でプレーしたほうが力を発揮しやすいという側面もあったでしょう。

でも、プロ野球選手にとって、お金は絶対に大事です。プロの世界では稼げるうちに稼いでおかないと、その後の保証はまったくない。それ以上に大切なのが選手としての格。選手の格を決めるひとつのはかりは年俸です。1億円と9900万円では全然違います。プロ野球は格付けの世界でもありますから」

川崎はドラゴンズと年俸2億円の4年契約（3年間総額6億円、4年目は本人に選択権が与えられる）を結んだ。

リハビリ中にできたのは走ることだけ

川崎は首脳陣やファンから、投手陣の柱にと期待された。そのプレッシャーを感じながら、ドラゴンズのユニホームに袖を通した。

「これだけのことをしてもらったんだから、活躍しなければならない。そう思っていました」

しかし、川崎は２００１年から03年までの３年間、一度も一軍のマウンドに上がることができなかった。原因は肩の故障だった。

華やかだった川崎のプロ野球人生はここから暗転することになる。

「移籍１年目の01年３月のオープン戦で、タフィ・ローズ（近鉄バファローズ）に投げたカットボール……その一球で。投げた瞬間に『バキン』と音がしたような感じがして、『あっ、これはダメだ』とわかりました。それまで経験したことのない痛みがあって、即降板。そこから地獄が始まりました。ひじの痛みはまだ我慢できるんですが、肩は本当に苦しい」

ＦＡで移籍してきたスター選手への期待は大きい。好条件で入団したことで、当然、視線は厳しくなる。

ドラゴンズファンの熱さはよく知られている。期待されている分、大金をもらっている分、風当たりは強くなった。

「期待されていたのにピッチャーとして使いものにならず、みなさんに申し訳なくて、本当につらかったですね。実際に投げられなかったので、いくら文句を言われても仕方がない。プロとして仕事ができないわけですから。

僕自身も、一番好きな野球ができなくて、苦しかった。投げて打たれたのなら、いくら罵声を浴びても大丈夫なんですが。あの時、僕にできたのは走ることだけ。『自分は何をやっているんだろう』と思っていました」

ボールを投げられない時期が長く続いた。それまでの野球人生では味わったことのない苦しみだった。

「なぜ痛みが取れないのか、肩のどの部分が悪いかがわからない。原因が不明なので、どうにもしようがありませんでした。どんな治療をしても痛みが治まらないし、半端ない痛みに襲われる。本当に、投げたくても投げられない2年間でした。

ちょっと投げると激痛が走りました。だから、キャッチボールもできない。あの時期は本当につらかった」

ネットを目がけて投げるネットスローがやっとできる程度。投げるための筋肉を落とさないためにできることはそれくらいしかなかった。ネットスローで痛みがなくても、人間を相手に投げるとプレッシャーがかかるのか、また異常が出た。

「だから、ボールを持つこと自体が嫌になりました。でも、耐えるしかない、我慢するしかない」

ファンの言葉でもう一度頑張れた

川崎は3年間、一軍のマウンドから遠ざかった。

「1年で戻れるならまだしも、2年も3年もかかる状態だったら、復活するのは難しいと本人が一番わかっている。でも、何かのきっかけで戻るんじゃないかと思う。もう、神頼みの世界です。ひじの靭帯が切れても手術によって再建することは可能ですが、肩の異常の場合は難しい」

手術を避けて川崎が選択したのは保存療法だった。

「痛みの原因を突き止めるために手術をするかという話も出たんですが、そのためだけにはリスクがありすぎる。クリーニングをして終わりだったら意味がないなと思って。

原因がわからないからいい方法が見つからないというのが大きな理由。もう僕には時間もなかったから、消去法として保存療法を選ぶしかなかった。

ボールを投げることを取り上げられたのはつらかった。僕はやっぱり投げるということが一番好きだったので……」

商売道具である肩の異常に、本人が気づかなかったはずがない。

「おかしいということはわかっていました。普段の生活をしていても、肩の骨がどんどん前に出てきて、自分で押し戻さないと元の位置に戻らない。左手で押さえて肩を回す分には痛みがないんです。本来あるべきところに固定できれば大丈夫。でも、それができない……」

筋肉を鍛えるといっても限界がある。ビスのようなもので固定しても、いつか外れるかもしれない。140キロ、150キロのボールを投げようとすると、どうしても障害が出てくる。

「実戦の場合、ピッチングだけではありません。ゴロの処理もあるし、牽制球《けんせい》を投げることもある。スナップスローなら大丈夫だけど、横から投げなければならない時もあります」

リハビリの間中、厳しい視線にさらされたり、野次が飛んできたりもした。それでも我慢するしかなかった。

「ほとんどがブーイングです。味方のファンからも敵からも。たくさんのお金をもらっていたので、それは甘んじて受けるしかない。でも、風当たりは強かった……野球をやりたくなくて休んでいるわけじゃないから、耐えるしかない。飲食店などで僕に対する批判の声を聞くこともありました。とにかく、我慢、我慢で」

言葉の刃を向けられて傷ついたこともある。

「もうあきらめていました。僕だって人間ですからね。腹が立つ時はありますよ。だけど、毎日がそうなんで、いちいち腹立てていたら身がもたない」

一方で、川崎を支えてくれる人もいた。

「3年目になって肩が相当痛いながらもやっと投げられる状態まで回復して、二軍が練習するナゴヤ球場のブルペンにいた時に、スタンドからこう声をかけられました。『(一軍が試合をする)ナゴヤドームで待ってるぞ』と。それでものすごく感動し、おかげで息を吹き返しました。まだ僕を応援してくれる人がいるんだ！　そういう人のために、もう一度頑張ろうと思えました」

4年間のつらさが全部吹き飛んだ引退試合

リハビリ中の川崎の心中を知ってか知らずか、日本中を騒がせる騒動が起きた。通称、「川崎祭」だ。

２００３年のオールスターゲームのファン投票でのこと。川崎を人気投票で1位に選ぶために、インターネット上で大量の組織票が発生した。本来、ファン投票は優秀な成績をおさめたスター選手を選ぶものだが、２年以上も一軍登板のないピッチャーに対する得票数としては異例中の異例、異常とも言える数だった。第1位の川崎には90万を超える票が集まった。

「はじめ、かなりの票が入っていると聞いた時は、単純にうれしかったですね。全然投げてもいないピッチャーのことを忘れずにいてくれる、応援してくれる人がいるんだと、ある意味、プラスにとらえていました。どんな形であっても、自分の名前が出るのはありがたいことなので」

しかし、インターネット投票ということもあって、どんどん票が増えていく。そのうち、テレビのワイドショーでも取り上げられるようになった。

「驚くほどの大騒動になりました。僕は何もしていないし、どうすることもできない。オールスターゲームは一軍で投げていないピッチャーが立つ場所ではないので、出場をお断りしました。あれが『炎上』の走りかもしれませんね（笑）。なかにはハガキに川崎と書いて投票してくれた人もたくさんいたと思います。そういう方には本当に感謝しています」

この騒動のあとも、03年は一軍で登板することはできなかった。

04年、ドラゴンズは落合博満が指揮をとることになった。新監督から開幕投手に指名されたのが川崎だった。

「年が明けてすぐに落合さんから連絡をもらって、『開幕投手はおまえでいくから』と言われました。その頃はもう肩の状態もよくなっていました。落合さんに電話をもらった瞬間から、開幕戦を目指して準備をしていきました。あの3カ月間は、モチベーションが高かったですね」

開幕戦のマウンドに上がり、初回は抑えたものの、2回で降板することに。このシーズンの登板は3試合だけだった。2回と3分の1を投げて8安打を打たれ、9点を失っている。

「自分の評価としては、ゼロに近いですね。投げたのは開幕戦ともう1試合、それと引退試合の1イニングだけですから。自分ではもう難しいと感じました。落合監督と森繁和コーチと話して、ユニホームを脱ぐことになりました。普通なら、球団から『契約しない』と言われて終わりなんで、そういう場をもらって、僕は幸せ者だと思います。

10月3日には古巣のスワローズ戦に登板し、古田敦也さん、宮本慎也、岩村明憲から三振を取ることができました。ドラゴンズの4年間のつらさが吹き飛びましたね。あの試合のことは忘れられません」

その年、落合新監督に率いられたドラゴンズは6月以降首位を譲ることなく、2位のスワローズ以下を大きく引き離してリーグ優勝を飾った。

「僕を開幕戦という大事な試合で投げさせたことに、監督としては勇気がいったんじゃないでしょうか。あのシーズン、開幕戦と引退試合で投げる機会がなかったら、僕がそのあと野球の仕事をすることはなかったかもしれません。それまでドラゴンズで3年間投げていなかったわけですから。本当だったら、そのままフェードアウトしてもおかしくなかった。投げる場所をつくってもらったことに感謝しています。

僕は本当に幸せ者で、運がよかったなと思います。僕より野球のうまい選手はいくらでもいますし、実力があっても使ってもらえない人がたくさんいますから。最後はボロボロだったけど、試合で使ってくれた監督のおかげ。人の巡り合わせによって、プロで16年間、04年までプレーすることができました」

高額年俸を用意されても、期待に応えらないこともある。FAはつらい……しかし、あの時の選択を川崎は後悔していない。

第5章

稼いだ金の使い方

高校生なら18歳、大学生なら22歳の若者がドラフト指名を受けただけで、多ければ1億円もの大金を手にするのがプロ野球界というところ。それまで野球ひと筋で生きてきた選手たちに金の管理ができるはずはない。

当然、金に関するトラブルも起こる。

日本がバブル経済に踊らされていた1980年代後半にプロ野球選手になった中根仁は厳しい体験をしている。22歳で5200万円もの契約金を手にしたあとのことだ。

中根が言う。

「まわりにはいろいろとアドバイスをしてくれる人がいました。バブル経済が崩壊する寸前だったので、『今、不動産を買っておかないと損だぞ』と言われて、契約金の半分を入れて土地を買いました。半分は税金用にキープしておいて。結局、土地の価値が爆下がりして、安く売ることになり……土地を失って、借金だけが残りました」

22歳にして、バブル崩壊の波をもろにかぶることになった。

「毎月18万円くらいずつ、払い続けていました。結婚してからも嫁には内緒にしていたんですけど、ある日、通帳を開いて、『毎月支払っているこの18万円って何？』と聞かれました」

法政大学野球部に入った弟の学費、生活費も中根が仕送りしていた。

「年俸を12で割った分が月給として振り込まれるわけです。はじめは僕がすべてを管理していたんですが、借金返済分と仕送りを除くと残高がなくなってしまう。あとで聞いたら、嫁の財布にはお金がなくて、新聞の集金からも逃げていたという……」

それから、中根家は小遣い制になった。

「だから、近鉄時代はカツカツで、経済的には厳しかった。よく『年俸以外に副収入があるでしょ』と聞かれるけど、近鉄の選手にそんなものはありません。ジャイアンツとかタイガースとは違うんですから。近鉄グッズが売れたという話は聞いたことがありませんね。そもそも、80年代に選手がグッズ分のお金をもらっていたのかも怪しい。98年からプレーしたベイスターズではもらいましたけど」

外から見ているほど、プロ野球選手の財布には余裕はない。しかし、どこからか儲け話が舞い込んでくる。

「近鉄時代、先輩たちがロッカールームで盛り上がっていたので覗いてみたら、馬の雑誌をみんなで見ながら話をしている。『一口馬主というのがあるから、やってみないか』と言うんです」

一口馬主とは、クラブと呼ばれる法人が1頭の競走馬の保有権を分割して出資を募るもの。一口単位で出資を行い、エサ代等の維持費を毎月口数に応じて支払うことになる。その馬がレースで賞金を獲得した場合、その6割、7割程度を出資口数に応じて受け取ることができる。

「競馬にも馬にも全然興味がなかったんですけど、みんなで買おうという話になっていました。『中根もやれ』と言われたので、僕も乗りました。出資した分とは別にエサ代が毎月2、3万円かかったと思います。定期的に、その馬のレポートが届くんですよ、アキレス腱に不具合があり、リハビリ中とか。結局、その馬は一度も走ることなく……勝てずじゃなくて、走らずに終わってしまいました。

『先輩の馬はどうですか』と聞いたら、『俺？　買ってないよ』と言う。どうやら、一口馬主になったのは僕だけで（笑）。ひとり、損をしたという悲しい思い出があります」

リスクを承知の上とはいえ、中根家の財政にとっては痛すぎる出費だった。

「うまくいかなかったら出資金の7割が戻ってくると聞いたような気がするので確認してみたら、そうじゃなかった。次に一口馬主になる時に3割引きしてくれるということでした」

その後、中根が一口馬主になることはなかった。

球団指定の病院でなければ全額自腹

プロ野球選手は所属球団と契約を結んでいるが、あくまで個人事業主だ。避けられない出費もある。

故障の多かった中根は15年間で6回も手術を行っている。

「ひざ、ひじ、手首、肩などたくさんの手術をしました。縫い傷が多すぎて、『プロ野球界の大仁田厚』と呼ばれました（笑）」

球団指定の病院で手術をする場合、費用は全額、球団が支払ってくれた。

「球団と関係のない病院で手術をする場合は、選手が負担することになります。当然、手術代のほかに、差額ベッド代もかかります。手首を手術した時には、球団が提携しているのとは違う病院にお世話になったので、自分で全額を支払いました。

それは、治療方針に納得できなかったから。すすめられた方法ではプロ野球選手としてまたプレーすることが難しいと思ったからなんです」

中根はいくつかの病院を回って、最善だと思われるところを探した。

「手首の骨を4ミリ削ってからくっつけるという手術でした。『中根さんのために電動ノコギリを仕入れました』と言われたのに……手術の時にはなぜか動かず、手ノコでギコギコやられました。局部麻酔だったから、削られているのがよくわかりました。振動も伝わってきて、『先生、頑張ってくれてるなあ』と思っていました。その時が一番痛かった」

6回も手術をしても、中根は大きなブランクをつくらなかった。

「手首を手術した時は、プレートをつけて、ネジで留めて1年間プレーしました。先生に『絶対にデッドボールはダメですよ。よけてください』と言われたんですが、それはどうにもならない（笑）。1年後にプレートを取る手術を受けました」

全力プレーが身上の中根は故障を抱えながら、身銭を切りながら戦っていたのだ。

契約金は自分を育ててくれたチームに

中根以上の手術回数を誇るのが、2002年ドラフト会議で東京ヤクルトスワローズから3位指名を受けて入団した館山昌平だ。引退するまでに10回の手術を行っている。

館山が言う。

「日本大学四年の時に初めての手術をしました。保険が適用されても、30万円くらいはかかりました。そのあと、肩を3回、ひじが8回、股関節が1回、手のひらが1回。1回の手術で同時に2カ所やることもあったので、回数が合わない（笑）。プロの場合、手術の費用は球団持ちです。病院が気を使って高い個室を用意してくれるので、個室代は選手が払います。病院ではほかの患者さんに気づかれないように、僕は〝横川〟ということになっていました（笑）」

館山が入団する際の契約金は、1億円＋出来高5000万円、年俸は1500万円だった。

「ドラフト会議のあとに球団からふたりあいさつに来られて、評価の内容と金額を伝えられました。契約金は移動のためのクルマやプロ野球選手として必要なもののために使いました」

契約金の一部を、自分を育ててくれたチームに寄付した。

「サッカー界では当たり前のシステムですよね。その選手が所属したクラブチームなどにお金が入るようになっています。それで、若い選手たちのプレー環境がよくなる。野球界にはそれがない。

僕は大学、高校、中学に寄付して、設備をよくしたり、ボールを買ってもらったり、ユニホームを新調したりしてもらいました。プロ1年目が終わった時には契約金はほぼなくなりました」

自分の貯金はなくてもいいと館山は考えていた。

「プロに入った頃からずっとそんな考えで、その後、東日本大震災やフィリピンの大型台風で被害があったところに寄付をしました。そんなことが自分の経験となって、いつか花開くと思っていました。お金を全部使って自分の経験に変えればいいと。そこからまた頑張ればいい」

プロ1年目の03年は10試合に登板して、0勝3敗、防御率5・19。

「プロに入った頃は上から投げていたけど、147キロくらいしか球速が出なくて。それでも二軍では完投完封を記録しました。その後、ちょっと肩が痛いのもあって、少し横から投げてみたんですよ」

即戦力の期待が高かった大卒ルーキーは勝ち星に恵まれなかったが、年俸は微増した（1700万円）。

実働5年で年俸1億円の大台に乗った

2004年3月にトミー・ジョン（右ひじの側副靭帯再建）手術を受けて、全治12カ月の診断を受けた。

「日本は四季がはっきりしているので、どの季節に手術をするかによって、その後の経過が変わってきます。キャッチボールを始めるのが冬だったら12カ月での復帰は難しい。暖かい時期にトレーニングの強度を上げることができるなら大丈夫かもしれませんが。だから、復帰までに12カ月から18カ月はかかると言われています。もちろん、個人差もありますね」

リハビリに苦しむ選手も多いが、館山はプラン通りに回復していった。

「もともと体が柔らかくて、可動域が広かったことがよかったみたいです。リハビリをしている時の表現は、その人によって違うんです。タマネギの薄皮をむくようにと言う人もいます。自分でもよくやれたなと思います。リハビリ中はほかの人と絶対にスケジュールが合わないので、友達がほぼいなくなりますね（笑）。

横手投げのピッチャーでひじに負担がかかるのはスライダー。フォークもそうですね。たまにスポーンと抜けることがあって、あれは怖い」

その年は登板なしに終わり、年俸は１３００万円に下げられた。

「でも、一軍にいれば最低年俸（当時は１５００万円）はもらえるので、全然気にしてなかったですね」

05年に戦列復帰。10勝６敗、防御率３・95という成績を残し、年俸は３７００万円になった。

「そのあと、４８００万円、６７００万円、１億円と上がっていきました。新聞で報道された金額と大きな差はありません。スワローズの場合、プラス、マイナス10パーセントくらいじゃないでしょうか」

06年は44試合に登板して、２勝５敗５セーブ、16ホールド、防御率３・95。

07年は45試合登板で、３勝12敗５セーブ、５ホールド、防御率３・17。

08年は24試合登板、12勝3敗、防御率2・99。この年、初めてオールスターゲーム出場を果たした。実働5年で年俸1億の大台に乗せた。

トミー・ジョン手術で1年以上のブランクがありながら、館山はなぜ短期間で1億円プレーヤーになれたのか。

スワローズでバッテリーを組んだこともある米野智人は言う。

「館山さんは、ほかの選手とはまったく意識が違いました。寮に酸素カプセルを持ち込んだのは館山さんが初めてじゃないですか」

入団当時のことを館山はこう振り返る。

「はじめの1年は、疲労回復のために酸素カプセルのある施設まで通っていたんですが、往復の時間がかかりすぎるので、400万円くらいの酸素カプセルを自分で買って、寮の自分の部屋に置きました。

寮の部屋は八畳くらいしかないので、セミダブルのベッドとカプセルを置いたらスペースはなくなりました。どれだけ効果があるかはわかりません。ただ、自分の妻やママ友がカプセルに入ったら母乳がよく出ると言っていたので、いいことがあるのかと。引退するまでにあと2台買いました」

夢を与える商売だからいいクルマに乗る

1億円プレーヤーになった館山は、1学年上の石川雅規とともに、若いチームメートのロールモデルになろうとした。

「契約書に、本当に1億円と書かれるんですよ。それまでとは桁が違います。半分以上は税金なんですけど、1億円プレーヤーになったことで『○○しないとな』という気持ちが生まれてきました。後輩がもっと夢を持てるように、『いい家に住まないといけないよな？　じゃあ買うか』と。夢を与える商売だからいいクルマに乗らないと、と。

自分たちの年齢が上がってから、僕と石川さんと青木宣親の3人で、後輩たちに対していいお金の使い方をしたんじゃないかな。みんなにいろいろな経験を積んでもらわないと、チームの未来に繋がらないなと思って」

家計に必要な分以外は、仲間のために使ってもいいと館山は思っていた。

「家庭が困らなければ、と。そのくらい仲間を大切にしてました。僕たちは、投手会もバンバンやりました。スタッフ全員にサングラスを配ったり、Tシャツをつくったり。

僕と石川さんで神宮球場のシーズンシートを30席ずつ購入して、聾《ろう》学校や盲学校の生徒さんを招待していました。僕たちが背伸びしてやったいろいろなことが、いつか生きてくると思います。お金はほとんど残らなかったけど、いい仲間が増えましたね」

年俸が上がっていくと、まわりの目も変わってくる。

「僕たちが稼いでいると思って、よからぬ人が近寄ってくることもありました。あまり親しくしたことのない先輩とか知り合いとか、何かのセールスの人とか。稼いでいると思われるかもしれないけど、税金を納めたらそんなに残ってないのに。普通に、バスにも電車にも乗りますからね」

1億円プレーヤーになっても、館山は館山のままだった。

09年は16勝6敗、防御率3・39で最多勝を獲得。

10年は12勝（4完封）、11年は11勝（7完投・3完封）を挙げた。12年には12勝をマークしている。

しかし、13年はトミー・ジョン手術と股関節の手術を行うことになる。

「12年と13年の年俸は2億2000万でした。13年の4月にトミー・ジョン手術をしたんですよ。開幕投手だったのに、チームにまったく貢献できなかった。契約更改の時、球団の人に『一番下がる人はいくらのダウンですか』と聞いたら、4800万円だという。僕は『じゃあ、それ以上に大きく下げてください』と言って1億2000万円を球団に返しました。柱になるはずの自分がまったく活躍できなかったので、せめてもの気持ちとして」

14年には3度目のトミー・ジョン手術に踏み切ったため、この年は登板なしに終わった。

「1回目は、『またマウンドに戻れるだろうな』と思っていました。2回目は『戻れないだろうな』、3回目は『やるしかない』という心境でした。一番精神的にキツかったのは2回目の時。

パフォーマンスが出過ぎた時に靭帯が切れるとわかっていたんですけど、そのパフォーマンスに戻るまでの作業が厳しかった。そもそも靭帯は再生できません。だから、自分の別のところから持ってくる。2回目は右の内転筋から、3回目が左手からでした」

古くは村田兆治（元・ロッテオリオンズ）、荒木大輔（元・ヤクルトスワローズ）

らがトミー・ジョン手術からの復活を遂げた。現在では、どの球団でも数人がトミー・ジョン手術後のリハビリに励んでいる。しかし、靭帯を移植しても、良好な状態が長く続くわけではない。一説では、「よくて5年」とも言われている。

「10年からはもう、ひじがだらんとした状態でした。いつ切れてもおかしくないという感じ。靭帯を強化することはできないので、周囲の筋肉を鍛えて補うしか方法がない。

野手とピッチャーの故障は、根本的に違うんです。野手の場合は、何かのアクシデント、たとえばランナーとぶつかったりすることが多いんだけど、ピッチャーの場合は、原因が自分にあることがほとんど、ある意味、自分の限界を超えた時に故障してしまう。だから、うれしいという気持ちもある」

10回も体にメスを入れた館山は常人とはかけ離れた感性を持っている。

「もちろん、悔しいんですよ。悔しいんだけど、『ここまでやれたか！　自分のベストが出せた！』とも思う。手術・リハビリでは、長くまわりの人にも迷惑をかけちゃうんだけど」

不揃いな石ころを丁寧に積み上げていくような毎日

館山のチームメートだった先輩の石井弘寿（現・東京ヤクルトスワローズ投手コーチ）は2006年オフに肩の手術を行った。07年は登板なし。08年にイースタン・リーグ最終戦で777日ぶりの登板を果たした。

石井は当時のことをこう振り返っている。

「診断通り、手術してから1年半くらいで日常生活には支障がなくなりました。頭を洗うことも、子どもを抱き上げることもできるし、普通の人として過ごす分には問題なかったと思います。でも、ピッチャーとしてはその期間、本当にしんどかったですね。ずっと崖っぷちに立たされていると思っていました。それでも、『投げられるようになる』という希望があったので、耐えることができた。

ただ、ボールを投げられるようになってからも、自分が思うような投球からはほど遠くて……1年半ずっと小さな光を目指して穴を掘り続けたのに、出口まで来たと思った時には光が消えて、その先にまた長いトンネルが続いていました」

ボールを投げることを生きがいにしてきたプロの投手にとって、マウンドに上がれないことほどつらいことはない。リハビリには忍耐力が必要だが、これは誰もが持っているものではない。

「インナーマッスルのトレーニングはものすごく地味です。本当に鍛えるべきところに刺激を与えながら、慎重に慎重にやらなければなりません。外側の筋肉は鍛えれば鍛えるだけ大きくなるので、体の変化に達成感を感じます。でも、内側にある腱を鍛えても、成果がわかりにくい。やり方も難しくて、少し体勢や負荷のかけ方が違うだけで、効果がなくなってしまうのです。

わずか500グラムや1キロの負荷でも、正しいやり方をしたら本当にしんどい。集中力が必要なので、自分ひとりではできません。誰かに鍛えるべきところを触れながら刺激してもらい、そこを意識しながらゆっくりとトレーニングしました」

地味すぎるほど地味な作業だった。一軍のマウンドはまだまだ遠かった。

「引退するまで、ずっと形の違う不揃いな石ころを丁寧に積み上げていくような毎日でした。地味なトレーニングを続けて、キャッチボール、ブルペン投球をクリアして、やっと試合で投げられるようになります。ところが、おかしなところに力が入ったり、体のバランスが悪かったりすると、積み上げた石ころは崩れてしまう。そうなれば、またはじめから。

状態が悪くても、普通の選手なら1、2週間で立て直せます。でも、僕の場合は2、3カ月もかかりました。その繰り返しでした」

思うように進まないのがピッチャーのリハビリ

福岡ソフトバンクホークスで投手コーチをつとめる斉藤和巳も肩の手術・リハビリに長い時間を費やした。

斉藤はこう言った。

「ボールに触るまでのリハビリは順調にいくものです。問題はボールを投げるようになってから。そこから先はなかなか計算通りにはいきません。リハビリ経験のない人は工程表通りに進んでいくと思うようですが、現実は厳しい。ちょっと前に進んで戻っての繰り返しです。これが精神的につらいところ」

どうしても、後戻りはしたくないという気持ちが強くなる。

「ボールを握るようになってからは、『安心したらあかん』といつも言い聞かせていました。思った通りにいかないのが、ピッチャーのリハビリなんです。肩の関節はもともと、ボールを投げるためにつくられていないので、どうしても時間がかかりますね。

本当につらいのは、ボールを握るようになってから。短い距離のキャッチボール、遠投、ブルペンでのピッチング、バッターを立たせての投球まで、いろいろな壁があります。どう乗り越えるかだけを考えていました。はじめのキャッチボールなんて、10メートルくらいの距離を20球か30球投げるだけです。肩の動きや痛みを確認しながらの慎重な作業です」

それでも、斉藤は投げられる喜びを感じた。

「距離がすこしずつ長くなって、ある程度自信がついてくると、喜びが湧いてきます。でも、ここで痛みを感じたり、『あれっ』と違和感を覚えた時がショックで……。次の日、投げるのが怖くなる。

それをトレーナーに伝えると、またずっと前のところに戻らなければならなくなります。『また、あそこに戻るのか』と暗い気持ちになる。スタート地点に戻って、そこからまた一歩一歩というのが本当にしんどい。最後の6年間はその繰り返しでした」

リハビリ経験のある斉藤にとってもつらい日々だった。

「何度経験しても、『またスタート地点に戻る』のはしんどい。少しずつ少しずつ丁寧に積み上げたものが、ガラッと崩れる……またイチから始めるのは精神的に厳しいものがあります。肩関節や下半身や体幹をしっかり使って投球した時、決まって異変が出ます。そうしたらまた『イチから』……メンタルがもちません。一歩下がるくらいだったらいいのですが、振り出しに戻るのは本当にしんどい。でも、地道にやるしかありません」

1週間やったことの答えがマウンドで出る

館山昌平もそんな日々を乗り越えた。

2015年7月、館山は1019日ぶりに一軍で勝利を挙げた。11試合に登板し、6勝3敗、防御率2・89。14年ぶりのリーグ優勝に貢献し、日本シリーズで初登板を果たした。シーズン後にはカムバック賞を受賞している。

しかし、これが最後の輝きだった。

16年に1勝をマークしたものの、その後は勝利に恵まれなかった。ひじの手術を2回、肩と背中にもメスを入れた。

19年9月21日、最後のマウンドに上がり、中日ドラゴンズの大島洋平を打ち取ってユニホームを脱いだ。

279試合に登板し、85勝68敗10セーブ、24ホールドをマーク、防御率は3・32だった。全身に、191針の縫い跡が残っている。

プロ17年間で稼いだ年俸は15億円を超えた。

「いろいろな税金、消費税とか住民税とか、復興税、国民年金とか厚生年金とかが引かれているので、実際にもらった金額は全然違いますよ」

館山はマウンドで何を考え、ピッチングをしてきたのか。

館山は言う。

「求められるものだけを出そうと思えば、緊張することはない。僕の場合、野球がものすごくうまいわけじゃなかった。だけど、自分ができることだけやっておけば、まわりが勝手に評価してくれる」

館山はしっかりと準備してマウンドに上がり、自分の仕事をやり続けてきた。

「大事なのは、どんな準備ができたのかということ。先発投手なら、その1週間にやったことの答えがマウンドで出る。過去の自分の答え合わせができるんです。しっかり準備をして自分のピッチングができなければ、修正してまた次にトライすればいい」

こういう考えで、プロで17年間も戦ってきたのだ。

「先発ピッチャーの場合、ピンチは3回くらいしか来ないんですよ。動じることなく、ひとつひとつに対処する。3回とも抑えられたら完封勝ちです。1回打たれても勝利投手になれる。2回やられたらノックアウトですね。そんな感じでピッチングについて考えていました。

ピッチャーならみんな、こういうことを理解しているはずです。大事なのは、その瞬間に熱くならずに、自分の力を出せるかどうか。僕も自分の力以上のものを出したいと思っていましたけど、やっぱりうまくいかなかった」

舘山は今、独立リーグの福島レッドホープスの投手コーチをつとめている。

「若い選手たちには、『記憶と記録を間違えないように』と言っています。自分がどんな準備をしたのか、それをきちんと書き留めておいて、あとで振り返れるようにと。

小さなことでもいいから書いておけば、自分を助けてくれるかもしれない。10回のうち1本ホームランを打たれて、残りを全部抑えたとします。記憶には1本のホームランが強く残るけど、9回は抑えたという事実がある。記憶に支配されてはいけない」

長く一緒にプレーした米野智人は、館山が後輩を怒るのを見たことがないと言う。それには館山なりの理由がある。

「先輩に対して『それは違うんじゃないですか!』と楯突いたことはあります。だけど、後輩に対しては怒ったことは一切ない。頭ごなしに叱るような人は先輩の資格がないなと思う。そもそも僕は、その人のさじ加減でいろいろなことを言われるのが大嫌いだから(笑)」

プロ野球で育てられた男の使命

高額を稼ぐ選手が増えても、1億円プレーヤーの価値は高い。

「名前が残ることはいいですよね。どの世代の人にもわかってもらえる、認知してもらえるのが1億円プレーヤーだと思うんです。僕はそれを10年続けることができた。小学一年生が10年経ったら高校生になりますよね。その間ずっと、1億円プレーヤーでいられたんですから」

館山はそのピッチングで、ファンの心にその名を刻んだ。

「プロ野球選手の特権というか、利点は、大きな会社の社長や素晴らしい業績を残した経営者にも会えること。会うこと自体が難しい人に、自分でやりたいことを伝えることができる。それが一番ですね。

僕はプロ野球でいくら稼いだかよりも、これから何をするかのほうが大事だと考えています。『館山はこれから何をやるんだ?』と楽しみにしてもらいたい」

館山にとって、お金よりも大事なものは何なのか。

「時間でしょうね。現役中も引退後も、オフの時期の家族旅行にはお金を使いました。モルディブとかハワイとかでゆっくり過ごしました。現役時代は留守にすることが多かったけど、やっと家族と思い出を共有できたかな。

それ以外にも大事なものは、経験、仲間……いろいろありますね。僕は今、福島レッドホープスでコーチをしながら、双葉町の復興事業に携わっている。浜通りと呼ばれる、津波の被害があったところを拠点に、復興活動、野球振興に力を入れています。僕は野球の力を信じているので、野球を通じて、みんなが集まれる場所をつくりたい。館山が関わることで、『変わったな』と思ってもらえるように」

子を持つ親として、思うこともある。

「コロナ禍で小中高生がみんな、つらい思いをしました。そういう世代の子たちを惹きつけるようなイベントもしたい。聾学校や盲学校に行ったり、病院の慰問もしたりしたいと思っています。みんなを幸せにできるイベントをやりたい」

館山はBLF（ベースボール・レジェンド・ファウンデーション）のアンバサダーでもある。

BLFは、プロ野球選手や球団の慈善活動をサポートするほか、野球にまつわる社会貢献活動を展開するNPO法人だ。則本昂大（東北楽天ゴールデンイーグルス）、千賀滉大（ニューヨーク・メッツ）、吉田正尚（ボストン・レッドソックス）、角中勝也（千葉ロッテマリーンズ）など現役のスター選手も名を連ねている。

「ひとり親で野球の道具を買えない子どもたちへの支援も行っています。いろいろな形で慈善事業に関わっているので、これからもっと大きな活動にしていきたいと考えています」

プロ野球で育てられた人間は次のステージでも輝かなければならない。後輩のためにも、と館山は思う。

一流選手の証しである1億円プレーヤーとして10シーズンを過ごした館山昌平

第6章

30代のセカンドキャリア

1965（昭和40）年生まれの山本昌（元・中日ドラゴンズ）は49歳で勝利投手になり、小宮山悟（元・千葉ロッテマリーンズほか）は44歳でセーブを記録している。現役選手でも、43歳の石川雅規（東京ヤクルトスワローズ）、42歳の和田毅（福岡ソフトバンクホークス）がローテーション投手として「奮投」している。

しかし、40歳を過ぎても現役選手としてユニホームを着続けられる選手は希少だ。プロ野球選手として活動できるのは平均で7・3年（2021年NPB発表）だと言われている。高校を卒業して18歳でプロ入りした選手なら20代半ばで、大学出身者なら30歳手前で次の仕事を探さなければならない。

現役を引退した選手の多くが野球関連の仕事を希望するものの、全員の働き場所が用意されているわけではない。所属していた球団の広報やマネジャー、打撃投手などで雇用される者もいるが、その数は限られている。

09年限りでオリックス・バファローズを戦力外になった古木克明は、身長185センチ、体重85キロの体格とその運動能力を買われて総合格闘家になった。しかし、2試合に出場（1勝1敗）しただけで、リングを去った。

古木は言う。

「TBSが大晦日に生中継したDynamite!(ダイナマイト)という大会にも出ました。あれほどのビッグイベントなのに、ファイトマネーは50万円。そのくらいの金額しかもらえないのかと思いました。それで試合をする格闘家がすごいなと。50万円が安いとは言いませんが、命をかける値段としてはどうなんだろう。いかに格闘技の世界が大変かということですね」

しかも、そのファイトマネーは未払いのまま、いまだに受け取っていない。

「未払いという言葉は聞いたことがありましたが、まさか自分に降りかかってくるとは……当たりどころが悪ければ死にますよ。そんな試合をした結果、未払いでした。僕が助かったのは、所属する団体からファイトマネーとは別にお金をもらっていたこと。そうじゃなければ大変なことになっていました」

古木は再び、プロ野球選手を目指すことにした。11年に球界復帰を宣言して野球のトレーニングを始めた。その後、12球団合同トライアウトを6回も受験したものの、プロ野球界から声がかかることはなかった。

「トライアウトに挑戦するなかでデーブ大久保さん(現・読売ジャイアンツコーチ)や清家政和さん(元・埼玉西武ライオンズコーチほか)たちに野球をイチから教えて

もらい、それまでわからなかったことが理解できるようになりました。まわり道をしましたが、野球はむちゃくちゃうまくなりました」

13年にアメリカの独立リーグ、ハワイ・スターズに入団し、そのシーズン限りで引退。33歳で次のステージに進むことを決意した。

14年4月から事業構想大学院大学で、アスリートの第二の人生におけるキャリアの研究に励み、ＭＰＤ（Master of Project Design／事業構想修士）を取得した。

17年1月に『The Baseball Surfer（ベースボールサーファー）』というブランドを立ち上げ、起業家となった。ファッション性の高いアパレルのオンライン販売に加えて、神奈川県を中心にした野球教室を開催している。

「アパレル販売をメインでやっていますが、野球教室や野球スクールもしています。野球をもっと楽しく、カッコよく！　そういうことを伝えていきたいと考えています。スポーツが多様化して、野球人口が減っています。公園などでボールを投げたり打ったりするが難しいなかで、野球を一度体験してほしい。野球を体験することをきっかけに野球を見る機会が増えればいい」

古木は監督やコーチに対して不信感を抱いたことも、ファンから罵声を浴びて落胆したこともあった。

「プロ野球選手を続けるなかで、野球が嫌いになったこともあります。でも、それは競技としての野球がいやになっただけで、野球そのものではなかったんです。野球という遊びは本当に楽しくて、大好きなんです。そのことをもっと広げていきたいですね。ベースボールサーファーというブランドには、自由な発想で野球を楽しんでほしいという願いが込められています」

本章では、古木のように30代で現役を引退した4人の元プロ野球選手、米野智人、大引啓次、小林太志、鶴久森淳志のセカンドキャリアをクローズアップする。

CASE 1

米野智人

（元・東京ヤクルトスワローズ、埼玉西武ライオンズ、北海道日本ハムファイターズ）

初期投資は2000万円！
35歳で未経験の飲食業に転身

1982年生まれの米野智人は、ユニホームを脱いですぐ35歳になった。その時には、自らが経営者になって飲食店を出すことを決意していた。

米野は言う。

「現役時代から食と健康には興味がありました。30歳になった頃から、試合や練習の疲れが取れにくくなりました。それまではあまりケアしなくても大丈夫だったんですが、朝起きた時に『なんか、疲れてるな』と感じることが多くて。

ある時、食に気をつけるようになってから体調がよくなったので、食は健康にとって大事なんだと痛感しました。そう思ってから、より食に関心を持つようになりました」

2017年、若者に人気のある下北沢（東京都世田谷区）に「inning+（イニングプラス）」というカフェレストランを開いた。駅から徒歩1分ほどの、立地のいい場所だった。

「自分でお店を出すからにはこういうふうにしたいという理想があって、ギー（インドのバターオイル）やグルテンフリーでつくったナチュラルで体に優しいヘルシーメニューを提供するお店を出そうと決めました」

しかし、飲食業の経験もなく、サービス業の知識も乏しい米野にとって簡単なことではなかった。

「16年秋に引退してすぐに賃貸契約をしたんですけど、ビル自体がまだ新しくて、その前には何も入っていませんでした。飲食用ではなくてスケルトンからやったので、20坪弱の広さでもけっこう費用がかかりました。厨房機器を入れたら、2000万円くらい。『こんなにかかるのか！』と思いました。

1階にスーパーマーケットの成城石井、2階に飲食店はなくて、隣に美容室が入っていました。とにかく、駅から近かった」

もちろん、駅からのアクセスが重要なポイントだとわかっていたが、それだけでは十分でないことを米野は理解していなかった。

「賃貸契約をしたあと、飲食店経営に詳しい人と話す機会があって、外から店内が見えないから軌道に乗るまでに時間がかかると言われました。

僕にはまったく経験がなかったので、そういうことはわかりませんでした。かなりの初期投資をしていたから、もうここでやるしかない」

賃貸契約から4カ月でやっと店がオープン

自身の経験から、ナチュラルで体に優しいヘルシーメニューを提供するというコンセプトは決まっていた。だが、看板もつくらなければいけないし、コンセプトに合った内装や食器をそろえるのにも金がかかる。ほかにも、いろいろな準備が必要だ。飲食店をイチから始めることの大変さを、未経験の米野は思い知らされることになった。

「はじめは飲食店経営をしている人と組んでやろうとしていました。ソバをメインにと考えていたので、200万円くらいかけて新品の製麺機を入れたんです。でも、結局ひとりでやることになり……資金を出すのは僕ひとり。『どうしよう……』というところからのスタートでした」

プロ野球選手に契約金はあっても退職金はない。

「まったく収入はないのに、店舗の賃貸契約をした時点で、保証金も家賃も発生します。契約してから4カ月くらいは空家賃を払っていました。プロ野球選手時代に貯めていたお金はどんどん減っていって、『やべえ、やべえ』となりました。ものすごいスピードでしたね。

北海道に住む兄がしばらく東京に滞在して、店の立ち上げを手伝ってくれました。彼もそれほど経験があるわけじゃなかったけど、料理が好きで、僕よりも知識があるし、段取りもわかっていたので。不安いっぱいのスタートでしたが、コツコツやるしかないと思っていました」

米野は厨房に入り、接客もした。もちろん、どちらも初めての経験だった。

「当初の予定では、僕はそれほどお店にいるはずじゃなかったんだけど、そうは言っていられない。カレーやポットサンド、サンドイッチならできる。妻が独学でスイーツをつくれるようになって、本当に助かりました」

賃貸契約から4カ月、やっとカフェレストラン「ｉｎｎｉｎｇ＋（イニングプラス）」はオープンにこぎつけた。

「もし飲食店を始めるなら、居抜きをおすすめします。初期費用が全然違いますから。自分の中にゼロから店をつくりたいという思いがあった分、苦労しましたね。なるべく小さくスタートするほうがいい。今から僕が始めるのなら、絶対にそうします」

オープンまで時間はかかったが、滑り出しは好調だった。プロ野球時代の知名度も役に立った。

「インスタグラムを見て来てくれる人もいたし、テレビ番組の取材も受けました。オープンした時にはいろいろな反響があったんですけど、それだけでうまくいくほど甘くはなかったですね。

飲食業のセオリーを知っている人は、立地条件とかお店の認知を上げる方法や流行らせ方がわかっているんでしょう。僕にはそんな感覚がないので、とにかく手探りで進めていくしかない。未経験でよくわからないことばかりだったから、とにかく難しかったですね」

飲食業も一日一日が勝負!

35歳と若い米野は、考えることよりも行動を優先した。

「あとから考えれば、もっと準備に時間をかけたほうがよかったのかもと思いますけど、あの時はとにかく早くお店を始めたい気持ちが強かった。初期投資2000万円からのスタート。軌道に乗るまで3年はかかると覚悟していました」

慣れない仕事で疲労は溜まる一方だった。プロ野球選手時代とは種類の違う疲れだった。

「オープンしたての頃はずっと店にいました。朝から夜までやることが多すぎて、あの頃の記憶はほとんどありません。一日があっという間に過ぎていきました。やることがムチャクチャ多いので、体を動かしながら頭も使っていました。同時にいろいろなことをやらないといけない。大変だったけど、いい経験ができたと思います。それがのちのち生きてくればいいなと。

いつもネガティブなことを考えていて、考えすぎたら不安になるし、迷うし……メンタル的にはキツかった。息抜きなんか、全然できませんでした」

プロ野球と飲食業。その違いに戸惑いながら、米野は新しい世界でもがきながら奮闘した。

「プロ野球にいた時は、1年ごとに契約更改があって年俸が決まります。12等分された金額が毎月振り込まれるので、日々のお金の不安はありません。そこが決定的に違うところですね。飲食店では、家賃や材料費、人件費や光熱費などいろいろな経費がかかる。

だけど、飲食業も一日一日が勝負。その日の売り上げが少なかったら、どこかで挽回しないといけない。そのために集中力、瞬発力が必要なんですが、そういうところは野球の世界と似ていると思いました」

まったく違う世界だが、共通点があることに気づいて、米野の気持ちは楽になった。

「店の営業時間が11時30分から15時、17時から23時だとしても、僕たちはお客さまが入っていない時間帯もずっと働いています。プロ野球もそうで、試合自体は3時間で終わるかもしれないけど、昼から球場に入って体を動かしたりデータを分析したり、拘束時間がものすごく長い。

準備に時間をかけるところはものすごく似ていますね。準備を怠ったら結果に出るというのも同じ。だから、準備をちゃんとしておかないと」

どの世界でも、人から見えないところでの努力や準備が求められている。

「プロ野球では、故障をしないための準備、パフォーマンスを上げるための準備をしないといけない。逆に言えば、準備さえできていれば、多少、想定外のことが起きても、うまく回ってくれる」

天気や気候に応じて、やるべきことも変わる。それも似ているところかもしれない。

「雨だからお客さまが少ないかなと思ったらたくさん来てくださって、『すみません、売り切れです』ということもありました。準備を怠ると、そんなふうになってしまう。飲食店の場合、在庫管理も大事です。だから、何パターンかを事前に考えないといけない。ストックする場所が限られているから神経を使います。発注、納品日の設定、在庫管理は本当に大変ですね」

相手のデータを分析し試合に臨んだプロ野球時代の経験がオーバーラップする。

「状況判断が大事なのは、野球も一緒です。プランA、B、Cを考えられるようになりました。野球と結びつけて考えればわかりやすいと思います。『このピッチャーなら5回で3点は取られるな』と考えておけば準備もできるし、得点を許しても動揺することがない。落ち着いて対処することができます」

多くの時間を捕手として過ごした米野の経験がここで生きた。

「高卒でプロに入った時、プロのキャッチャーってこんなにやることがあるのかと驚いたものです。考えること、やることが本当に多いですから。チームに何十人もピッチャーがいて、それぞれの性格を考えながら相手をしないといけない。加えて、攻撃のサインも覚える必要がある。自分のチームのことも知らないといけないし、相手の情報も入れておかないといけなかった。

飲食店では、毎日やることがあって、『あれ大丈夫か？　これ大丈夫か』とチェックしていくんです。その時、その時で判断していかないといけない。プロ野球でパニックになりながらも頑張った経験が今に生きています」

コロナが猛威をふるった時に転機が訪れた

オープンから3年経った2020年春、新型コロナウイルスが世界中に広がっていった。

「少しずつリピーターや常連さんが増えて、形になってきたなと思ったところでコロナに襲われて……それからは相当キツかったですね」

普段であれば若者であふれる下北沢の街から人が消えた。

「夜にお店を開けていても、誰も来ませんでした。下北沢にお店を出したのは、土地勘があったから。役者やバンドマンがいたりして、街には文化がある。プロ野球選手の時には休みの日にランチをしに来ることがありました。

いろいろなジャンルの人が集まるから面白いかなと思ったんですけど、飲食業の人にとっては商売が難しいところだそうです。実際に、僕がカフェをやっている間に、街の様子はいろいろ変わっていきました」

コロナが猛威を振るったこの期間に、米野にターニングポイントが訪れた。

「埼玉西武ライオンズの関係者から17年くらいに『球場にお店を出さないか』と言われたことがあったんですが、その時はお断りしました。

20年になって、もう一度お話をいただいて。コロナの緊急事態が続くなかで、このまま飲食店を続けても厳しいんじゃないか。ファンがたくさん集まる野球場で、自分が所属したチームの本拠地でお店をやれるのならと思いました。何かを変えたいという気持ちがあったので話を聞いてみました」

21年3月、ライオンズの本拠地・ベルーナドームのライトスタンド後方にビーガン食を提供する「BACKYARD BUTCHERS」（バックヤードブッチャーズ）をオープンさせた。

「自分でも挑戦してみたいという気持ちになって。そういうタイミングでした。『店のコンセプトから考えていいのならやらせてほしい』と答えました。店名の「BACKYARD BUTCHERS」は「裏庭の肉屋」という意味ですが、メインのグラウンドだけではなく、バックヤードのお店側からも球場を盛り上げたいという思いがあります。

動物性のものを使わず、植物性の食材だけを使用しています。欧米に比べると、日本では『ビーガン』（菜食主義）が広がっていませんが、それに特化したお店を初めて野球場で始めようと考えました」

21年のプロ野球では、観客の入場制限があった。

「正直、売り上げは厳しかったんです。ただ僕にとってよかったのは、試合やコンサートがある日だけの営業なので（年間80日~100日ほど）、それ以外の日には別のことにチャレンジする時間があること。それまでは一日24時間、店のことしか考えられない状況だったけど、別の収入を得られるかもしれないし、新しいことにチャレンジもできる。それが僕には大きかった」

以前は、休みの日には疲労のために何もできなかった。

「下北沢時代の一日の売上は5~10万円くらい。いい時で10~20万円。でも、ランニングコストがかかるので、どんどん経費分が出ていってしまう。手元に残るのは20パーセントか、30パーセントか。だから、下北沢で店をやっている時は焦りのほうが大きかったかもしれない。『これからどうなるんだろう』と」

飲食業に携わってからの米野はプレーヤーであり、マネジャーでもあったが、現在は立ち位置が変わった。

「今、基本的に自分は現場に入らず、アルバイトスタッフに頑張ってもらっています。自分でやったほうが早いと思う時もあるんですけど、やってもらわないと成長しないので、任せられるところは任せています。

そこが、スタジアムの店をオープンさせてから、一番変わったところですね。働く人のパフォーマンスをどうやって上げるかを考えています。役割としては、人材育成の部分が大きいかもしれないですね」

自分で魚を釣るのか、釣り方を教えるのか。どちらにも、違った大変さがある。

「もちろん、難しさもありますが、面白さも感じています。スタッフのひとりはスタジアムとは別のところでも仕事をしています。ほかには大学生がいたり、主婦の人がいたり。それぞれに働く意味も、目的も違う。この仕事が楽しいという人も、ここでの経験をほかで生かしたいという人もいます。

スタッフには野球好きな人が多くて、活気のある場所で働けることに喜びを感じてくれています。だから、僕はものすごく助けられています。どうしてもフードロスが出てしまうので、そういうことも今後は勉強しないといけないですね」

かつての職場であったスタジアムに店をオープンして、初めて感じることもあった。

「僕にとって野球場は特別な場所です。ライオンズの選手たちは後輩にあたりますけど、みんなが頑張っているところを見ることができて、励みにもなります。

現役時代、観客席から野球を見ることはありませんでした。ファンの人たちはこんなリアクションをしているのか、こんな感じで声援を送っているのかと、新しい発見がありました。ファン目線で野球を見られるようになりました。ファンあってのプロ野球。言葉では知っていましたが、改めて、今、そう感じています。プロ野球は、見にきてくれるファンの人がいないと成り立たない。ファンの方に『米野さんですか』と声をかけられることが多くて、本当に、ありがたいと感じています」

未練があるうちはほかのことを始められない

プロ野球において、引退試合で送られる選手はひと握りだ。ほとんどは所属チームから戦力外通告を受け、グラウンドを去ることになる。10人の新人が入団すれば、同じだけの選手がいなくなる厳しい世界だ。

自らの経験を米野はこう振り返る。

「僕もそうだったんですけど、毎年、チームの中でクビになる人を見ているので、選手たちは戦力外になりそうな人のことはよくわかるんです。『あの人は危ない』と見ていると、だいたいそうなります。『次は俺かも』と思っていたら、ライオンズから戦力外を告げられました。やっぱり、球団の人から電話がかかってきたらショックですよ」

どういう決断をしても困難が伴うが、進路を決めるのは自分自身だ。

「どんな形でも、まだ現役を続けたいと思う選手はいいんです。海外でも、独立リーグでもと前向きに考えることができるから。やめようか、続けようかなと思うのがダメですね。迷いながらやって、成功できる世界じゃないですから。

野球に未練があるうちは、ほかのことを始められないと思う。迷いがあるなら、期限を決めて、野球の世界で頑張ればいい」

野球にすべてをかけてきた時間が長ければ長いほど、悩みは深くなる。

「パンと気持ちを切り替えられればいい。何をやるかよりもそれが大事。そういう気持ちをつくることができるかどうかが、セカンドキャリアを考えるよりも難しいかもしれない」

野球はこれで終わり——そう思えた時に次の世界が見えてくる。

米野が飲食業に飛び込んでから7年目になる。

「プロ野球選手は、子どもの頃から野球が好きで、大好きなことを仕事にできた人たちだと思う。何十年も野球だけに打ち込んだ人たちだから、それ以外の別の道を探すのは難しい。

野球が仕事でなくなった時に、『俺は野球しかしてこなかったからダメだ……』と思ったらいけない。僕は『野球をやってきたから今がある』と思えてきたんです。目の前にある問題とか、課題を、野球に置き換えて考えることができるようになった。

僕は野球とはまったくジャンルの違う飲食の世界で生きています。今の仕事をするようになってからも、たくさん失敗したし、これからもすると思う。ただ、自分が一生懸命にやってきた野球に置き換えて考えることができれば、解決策も苦しいところから抜け出すヒントも得られるはず」

成功も失敗も、未来を変える糧になる。

「プロ野球でしたいろいろな経験を大事にしてほしい。野球はものすごく複雑なスポーツで、何が正解なのかわかりにくい。状況や流れがいろいろと変わるなかで、その場その場で判断しないといけない。『俺ならここでどうする？』と考えてきた経験は、違う世界でも役に立つんじゃないかと思っています。それを次のキャリアで生かしてほしい。野球をしていたからできることもたくさんある。

ただ、みんな、プライドがあるので、それが邪魔をすることがあるかもしれない。心配なのはそこですね。プロ野球選手は自分の選手寿命が短いのはわかっているのに、あまり先のことは考えない。今と同じだけの年俸をずっと稼げると錯覚してしまうんです。だけど、野球の世界でずっと生きられる人はひと握りです。いつかは何か別のことをしないといけなくなる」

米野は現役時代に興味を持った食の世界に飛び込んでいった。プロ野球ファンに支えられながら、一歩一歩、前に進んでいる。

18年間に及んだプロ野球生活を糧にして飲食業界で奮闘する米野智人

CASE 2

大引啓次

（元・オリックス・バファローズ、北海道日本ハムファイターズ、東京ヤクルトスワローズ）

コーチとしての足場を固めるため、大学院でコーチング学を学ぶ

浪速高校（大阪）時代には二年生の春にセンバツ出場を果たし、ベスト8まで進んだ。法政大学進学後すぐにレギュラーポジションをつかみ、4年間で通算121安打（歴代5位）を積み上げた（打率3割3分1厘）。首位打者を2回獲得し、ベストナインには5度選出されている。四年生の時には主将として、チームを春季リーグ優勝に導いた。

打ってよし、守ってよし、走ってよし。おまけにリーダーシップもある。走攻守、三拍子そろった遊撃手としてプロ野球のスカウトの評価も高かった。

2006年に、大学生・社会人ドラフトで3巡目指名を受けてオリックス・バファローズに入団。契約金は8000万円、年俸は1200万円だった。契約金を実家の神須牟地《かみすむち》神社に寄進したことが話題になった。

大引は言う。

「そういう報道になりましたけど、私からすればそれまで育ててもらった感謝の意味で、契約金を親に預けたということですね。移動のためのクルマは購入しましたが、それ以外はすべて任せました。神社への寄進は親がやってくれたんだと思います」

その春まで大学生だった大引が目にしたことのない金額だった。

「通帳に何千万円という数字が並んでいるのを見た時にはひっくり返るかと思いました。それまで自分の口座には数万円、多くても十数万円しか入ってなかったですから。もちろん、源泉徴収された金額だったので8000万円もなかったはずですが、契約金の数字を見て震えた覚えがあります。

ここから翌年の税金を払うことになるのは知っていましたし、いわば退職金代わりのものですから、簡単に使えるものではありません」

プロ1年目の07年開幕戦、スターティングラインアップに名を連ね、新人にとって難しいとされるショートのポジションを1年間守り抜いた。126試合に出場し、規定打席には2だけ足りなかったものの、2割7分4厘という打率を残した。素晴らしいスタートだった。

「プロに入ってから思ったのは、『あまりお金を使う機会がないな』ということです。球場までの行き帰りのガソリン代くらい。遠征に行けば、ホテルで食事が出るし、外食する時には先輩が払ってくれることも多い。だから、普通にしておけば勝手に貯まっていきます」

本拠地での試合の時には、昼過ぎに球場に入って練習を始め、練習後に食堂で食事をしてから本番に備える。

「一軍の選手はナイトゲームが多いので、お金を使うことがあまりない。逆に、二軍の選手は練習が夕方に終わるから時間を持て余して、遊びに行くことが多いようですね。

口に出したことはありませんが、『遊びに行く時間があったらバットを振れよ』と思っていました。パチンコ屋やカラオケに行くのは楽しいでしょうけど。プロ野球は、頑張れば、年俸が2倍にも3倍にもなる世界です。そんな仕事はほかにはあまりありません」

プロ野球選手にとって理想的な年俸の上げ方

2007年の成績を評価され、大引の年俸は1200万円から2800万円に上がった。08年は88試合に出場して打率2割5分8厘という成績を残した(2800万円から3100万円にアップ)。

09年は107試合出場で打率2割7分8厘(3100万円→4500万円)、85試合出場で打率2割3分6厘だった10年のシーズンオフには、年俸が5000万円を超えた(5800万円)。

「私は大卒なので2年で出ないといけなかったんですけど、『どれだけ金を貯めるんや』と言われても、4年間バファローズの寮にいました。食事は好きなだけ食べられるし、練習の環境も整っています。24時間、お風呂にも入れます。やろうと思えば、いつでも、いくらでも練習できます。

年俸が低い育成契約の選手でも、生活する分には支障はありません。日本のファームの設備、システムは素晴らしいですよ。逆に、恵まれ過ぎているのかもしれません」

プロ5年目の11年は127試合に出場して、初めて規定打席に到達した（打率2割4分4厘）。つなぎ役に徹して、自己最多の42犠打を記録している。翌年も110試合に出場した（打率2割2分4厘）。勝負を決めるスーパースターではないが、バイプレーヤーとしての評価が高かった。

「プロ入り後、早い段階から年俸が上がり、それなりに裕福な生活をさせていただきました。プロ野球選手としては理想的な年俸の上げ方、保ち方だったかもしれません。1年だけたくさんもらっても、税金を考えれば手元にはあまり残りませんから」

13年の春季キャンプの直前、電撃トレードが決まった（北海道日本ハムファイターズの主力選手だった糸井嘉男、サウスポーの八木智哉と、オリックスの木佐貫洋、赤田将吾、大引との2対3のトレード）。

新天地で奮起した大引は二度目の規定打席に到達、32犠打、13盗塁も記録した（年俸は5600万円→7000万円に）。初めてオールスターゲーム出場も果たした。

14年にはキャプテンに就任。自己最多となる132試合に出場し、打率は2割4分5厘、キャリアハイとなる21盗塁を記録した。

シーズンオフに国内FA宣言を行うと、古巣のバファローズ、東京ヤクルトスワローズ、東北楽天ゴールデンイーグルスが獲得に動いた。3年契約（3年総額3億円）を結んで、スワローズに加わることになった。

15年にはわき腹を痛めて96試合にしか出場しかなかったが、スワローズの14年ぶりのリーグ優勝に貢献した。大引はこの年、プロで初めて優勝の喜びを味わった。

2004年の裏金問題で変わった金銭感覚

2016年は100試合に出場して打率2割5分0厘。その後、出場機会は減っていき（17年は80試合、18年は47試合）、18年オフの契約更改では25％の減額制限を大幅に超える40パーセントのダウンを飲んだ（6000万円↓3600万円）。

その席で大引は「自分のキャリアの中で一番試合に出ていない。野球そのものが終わるような一年だった」と語っている。19年は70試合に出場したが、打率2割0分2厘に終わり、そのシーズン限りでユニホームを脱いだ。

13年間の通算成績は、1288試合に出場して1004安打、48本塁打、356打点、67盗塁、234犠打、打率2割5分1厘だった。

「私は年俸2億、3億と稼ぐことはできませんでしたが、落ち方が緩やかだったのでプロ13年間で多少の貯蓄をすることができました。もしかしたら余裕があるように思われるかもしれませんけど、一生遊んで暮らせるほどではありません。

プロ野球選手は派手な生活をしているように見えても、実際にはそんなことはありません。私は大阪出身なので、よく『おいしいお店を教えて』と言われるんですけど、球場と家の往復ばかりだったのでよくわからないというのが本当のところです」

04年に起こった裏金問題を契機に、プロ野球界での金銭への関わり方、選手たちの金に対する考え方は激変した。

ドラフト1位指名間違いなしと言われた大学球界を代表する投手に対して、読売ジャイアンツが数百万円単位の金銭を渡していたことが発覚。同様のことが、横浜ベイスターズ、阪神タイガースでも行われていたことが明るみに出て、球団オーナーや代表、社長などがその職を辞することになった。

それが、プロ野球側、アマチュア側もともに襟を正すきっかけになった。以降、裏金や裏取引はなくなった。

「大学生の時にはいろいろな噂を聞きました。でも、私たちとはあまり関係のないことだと思っていました。プロ野球に入ってから、ひと回り上の先輩方にいろいろな武勇伝を聞きましたが、僕たちの世代でそういうものはあまりありませんね。

昔はシーズンオフにプロ野球選手がテレビ番組に出演する機会も多かったようですし、高額の謝礼が出る野球教室があったとも聞きますが、そういうものも減ったんじゃないでしょうか」

プロ野球選手はグラウンドで稼ぐもの。頑張れば頑張るだけ、年俸は上がっていく。大引はプロ13年間で身を持って体験している。

「現役時代、野球教室に呼んでいただいて、10万円単位のギャランティーをいただくことはありました。それが当たり前だと思うととんでもないことになるとよくわかっています。プロ野球時代の金銭感覚のままでは通用しないですね」

30代のうちに指導者として足場を固めたい

引退を決めた大引はどんな進路を考えたのか。

「20代の若いうちは、引退後のセカンドキャリアについて考えることはありませんでした。いずれやめなければいけないとわかってはいますが、まだまだ先のことだろうと思っていました。私が真剣に考えるようになったのは故障が増えてから。スワローズに入った頃でしょうか。引退後もすぐに進路を決めることなく、じっくり考える時間を持てました」

球界の慣例として、長くプレーした選手の功労を称えて、コーチ就任を要請することが多い。

「でも、野球自体をもう一度、勉強し直そうと考えました。球団に貢献してくれたからそのまま残してあげようというのは、ちょっと違うんじゃないかと思って。30代のうちに、指導者としての足場をしっかりと固めようと。

現役でプレーしている時にコーチ就任の話があったわけではありません。でも、指導者としてリスタートするのなら、アメリカで勉強したいと思いました。そう考えられたのは、現役時代の貯蓄があったからです。明日の生活のために働かないといけなかったなら、そうはいかなかったでしょうね」

大引は高校、大学で華々しい実績を残し、プロでもキャリアを積んだ。守備も走塁も打撃の指導も、作戦立案もできる人材だ。しかし、現役時代の引き出しだけでコーチ業を始めようとは思わなかった。

「プロで長くプレーしてきたんだから、それを教えればいいと考える人もいるでしょうが、私はそうは思いませんでした。私がやってきたことが本当に正しかったのか。自分の方法が別の誰かにそのまま当てはまるのか。そういう疑問がありました」

大引はバファローズで6年、ファイターズで2年、スワローズで5年プレーするなかで、いろいろなコーチと接してきた。

「どこも常勝チームではありませんでしたので、コーチの入れ替えも頻繁にありました。もちろん、素晴らしい方もいましたが、『どうなんだろう』と首をかしげざるを得ない人もいました。お手本にしたい人も、反面教師にしかならないと思うコーチもいました」

「○○を育てた」と話題を集めるコーチの指導が合わず、球界を去った逸材もいたかもしれない。

「10人の選手を10人、みんなを幸せにすることは難しいでしょう。でも、ひとりひとりが成長できるように導くのがコーチ、指導者の役割ではないかと考えました」

それをするためには、何かが足りない。プロで培った知識、経験だけでは勝負できないと大引は考えたのだ。

マイナーリーグで見つけた方向性

大引は2020年1月、コーチとして学ぶためにアメリカに渡った。

「もともと大学院で勉強しようと考えていましたが、何をテーマにするかまでは決めていませんでした。テキサス・レンジャーズのコーチ陣に入れていただいて感じるものがありました」

メジャーリーグ、その下のマイナーリーグで選手を指導するコーチにスター選手は少ない。プロとしてのキャリアを持たない人もいる。

「そのせいなのか、アメリカの文化なのかわかりませんが、選手とコーチが対等なんですよ。お互いがお互いをリスペクトしていることに驚きました。

特にマイナーリーグのコーチは毎日の練習メニューを考えて、どうすれば選手がうまくなるのか、どうすれば飽きさせることなくトレーニングさせられるかを考えていました。レンジャーズでというよりも、将来メジャーのどこかのチームでプレーできるように指導しているように見えました」

日本のプロ野球のコーチには1000万円以上の年俸が用意されることは珍しくないが、マイナーリーグのコーチ陣の待遇はそれほどよくない。

「だけど、みんな、コーチになりたいという気持ちでいます。いずれは、自分もメジャーに上がりたいと考えながら。選手たちを必死に、一生懸命にサポートしていました」

そういう姿を見て、大引はコーチングを学ぼうと考えたのだ。

「アメリカに行ったことで、自分が目指す方向性が見つかりました」

しかし、新型コロナウイルスの感染が拡大したため、大引のコーチ留学は1カ月で終わった。

帰国後、すぐに大学院選びを始めた。

吉井理人（現・千葉ロッテマリーンズ監督）が学んだ筑波大学も候補として考えたが、最終的には日本体育大学の大学院で学ぶことを選んだ。

「20年夏頃に日本体育大学の伊藤雅充先生とお話する機会を得て、コーチング学を勉強させていただくことになりました」

伊藤教授は、選手が技能を伸ばすためには、自ら学ぼうとする意欲こそが重要だという「アスリートセンタード・コーチング」を提唱している。選手に主体的に練習に取り組んでもらい、『できた！』『やった！』を感じられる機会をいかにつくるかを大きなテーマにしている。

「大学院に進んだことで、ひと回り下の人たちや野球以外のスポーツをしてきた人と一緒に学ぶことができました。個人競技、団体競技の違いもありますし、記録を競うものも体をぶつけ合うコンタクトスポーツもあります。みんな、考え方はいろいろです。そういう垣根を越えて、さまざまなことについてディスカッションすることができる貴重な機会となりました」

その一方で、日本体育大学野球部のコーチにも就任した。自らも学びつつ、指導できる環境ができあがったのだ。

「自分のアマチュア、プロ野球での成功体験をもとに指導をしています。ただ、それがその選手にとって正解かどうかはわかりません。ずるい言い方になるかもしれないけど、『選択肢を出すけど、選ぶのは君だよ』と言っています。

プロでも、コーチの言う通りにやってうまくいかなかったら、年俸を下げられたり、クビになったりするのは当の選手です。だから、しっかりしなきゃダメだと伝えています」

自分ができることと、誰かにやらせることは同じではない。

「高校、大学、社会人で、指導者として実績のある方は、何年も何年もコーチをしながら、教え方や伝え方を変えているんだと思います。その人が確かな技術や見識を持っていたとしても、そこが間違っていたら意味がない。プロのコーチの中でも、素晴らしい人も、そうではない人もいます。私にプロのプレーヤーとしてのキャリアが10年以上あったとしても、コーチとしては一年生。それを勘違いしてはいけないと思います」

選手はひとりひとり、体格も利き腕も利き目も、育ってきた環境も違う。A選手に通用したことがB選手にもそのままあてはまるとは限らない。

「アマチュアでもプロでも、本当にいろいろなタイプがいます。全員をパーフェクトに教えることは不可能でも、その確率を上げていきたい。『自分がうまくいったから、同じことをやれ』とは言いたくない。自分の型にはめるような指導はしたくないんです」

だから、大引はコーチング学を専攻することにしたのだ。

野球がうまいからすごいわけではない

バッティングフォームも、ピッチャーの投げる変化球の種類も、守備のセオリーも、時代によって変わってきている。

「昔のやり方がすべて正しいとも限らないし、新しいものが全部いいかと言うとそういうわけでもない。その選手がどういう意図で練習しているかを聞いてみないと、わからない部分もあると思っています。もちろん、暴力的な指導は許されませんし、頭ごなしに練習をさせるようなことはいけない」

内野手の守備でも、人工芝のグラウンドではできても、土の上では難しいこともある。

「日体大には人工芝の素晴らしいグラウンドがあります。一方、レフトの奥には小さなサブグラウンドがあって、一軍に入れない選手たちが主に練習しています。内野は土で、整備が行き届いているわけではありません。そこでゴロを捕るのがいい練習になるんですよ。

土のグラウンドでのゴロ捕球は難しい。ボールが跳ねることもあるので足を使って守備をしないといけない。だからこそ、イレギュラーバウンドにも瞬時に対応できる守備力が身につくんです。そこで練習することで、彼らには発見があるんじゃないかと思っています」

イレギュラーバウンドの少ない人工芝で練習をすれば気持ちよくプレーができる。自分がうまくなったように錯覚する選手もいるだろう。

「捕りやすい打球ばかりではうまくなりません。整備されていない環境に、何かヒントが埋まっているかもしれない」

大引のセカンドキャリアはまだ始まったばかりだ。

「私は今後もずっと、野球に携わっていきたい。私自身、野球の指導を行う時に喜びを感じています。今後もそれを続けるために正しい知識を身につけたい。

日本では子どもの数が減っているし、野球をやる子も少なくなっています。みんなが野球に憧れるようなことをしないといけない。現役時代、もっと野球教室をやっておけばよかったと反省しています。

大先輩の石毛宏典さん（元・西武ライオンズなど）と野球教室でご一緒する機会があるんですが、石毛さんは子どもたちに『野球を選んでくれてありがとう』とおっしゃっています。本当にそうだと思いますし、そういう石毛さんがカッコいいなと思います」

大引は指導者として何を伝えようとしているのか。

「元プロ野球選手だったとは言え、指導者としてはこれから、まだひよっこです。野球がうまかったからと言ってすごいわけでもないし、お金をたくさん稼いだからと言ってえらいわけでもない。どれだけ社会に貢献できるかが大事だと考えています」

プロでもアマチュアでも、大引が培ってきた技術や野球に対する考え方が必要とされるはずだ。

「私には、プロでは守備の人というイメージがあったと思いますが、バッティングを教えるのも好きなんです。走塁もそうです。

私自身、プロとしてはそんなに大きくない体（178センチ、80キロ）でプレーしながら、とんでもない能力を持つ選手たちが集まるプロ野球でどうすれば生き残れるかを考えてきました。頭を使った野球をするしかない。いかに相手のスキをつくか、どうすればひとつ先の塁に進めるかを自分で考え続けました。才能以外の部分でどう戦うかが大事なんです」

１９８４年生まれの大引は２０２４年には40歳になる。プレーヤーとしてのキャリアの上に、指導者としての知識、技術を積み重ねているところだ。

現役時代の実績に甘えることなく、コーチングを基礎から学び指導者を目指す大引啓次

LOTTE

CASE 3

小林太志

（元・横浜ベイスターズ）

独立リーグの球団社長を経て、我が道を行く非野球エリート

小学生のうちから硬式野球チームで腕を磨き、高校生になれば強豪校で甲子園を目指す。厳しい戦いを勝ち抜いた者がプロ野球にたどりつくことができる。しかし、小林太志はその道を選ばなかった。

2007年に、大学生・社会人ドラフトで1巡目指名を受けて横浜ベイスターズ（現・横浜DeNA）に入団した小林太志は群馬県立富岡高校の野球部に入った。

小林は言う。

「もともと僕は有名な選手ではありませんでした。中学時代は軟式野球でしたし、そ

れさえもまじめにやっていなかったくらい。高校に入る時に大学で野球をやりたいと思ったんですけど、その野球部の監督が立教大学OBだったので富岡に行くことに決めました」

群馬の野球強豪校としては、桐生、前橋工業、東農大二などが有名だ。1999年夏の甲子園で、桐生第一が県勢初の日本一に輝いた。

「僕が一年生の夏ですね。桐生第一のエースが正田樹さん（元・北海道日本ハムファイターズほか）で、二年生の一場靖弘さん（元・東北楽天ゴールデンイーグルスほか）が控え投手でした。もちろん、全国優勝したことはすごいことですが、野球の強い学校でガンガン練習すればうまくなるのは当然だと思っていました」

高校時代の小林に、実績らしい実績はない。

「ほぼ練習していない状態で、最速144キロのストレートを投げていました。だから、自分では『（プロ野球に）行けるな』と思っていて。田舎の高校生らしい、単純な考え方をしていました。情報がなくて、何も知らないからこそ、自信を持てたのかもしれません」

小林は小論文と英語の受験対策をして、計画通り、立教大学に合格。野球部の四年生には、キャプテンの上重聡（現・日本テレビアナウンサー）やエースの多田野数人（元・北海道日本ハムファイターズほか）がいた。

「多田野さん、上重さんを見て『すごいな』と思いましたが、埋められない差ではないと感じました。僕は子どもの頃から野球を教わったことがなくて、自分なりにトライアル＆エラーをしながら技術を身につけてきました。教材になる人が近くにいれば、もっと上達するんじゃないかと考えました」

立教大学で一度もリーグ優勝はできなかったが、4年間で通算10勝をマークした。

「三年生の時に埼玉西武ライオンズのスカウトが注目してくれたのですが、右肩やひじを痛めたこともあって、指名されることはありませんでした」

小林は社会人野球のJR東日本に入社する。

「野球をする環境が素晴らしかった。月給は20数万円、ボーナスが2カ月分くらいだったでしょうか。ぜいたくするわけではないので、普通に寮で生活しているうちにお金は貯まりましたね。

JR東日本で新しいトレーニングを教えてもらい、堀井哲也監督（現・慶應義塾大学監督）の野球に触れることができました。もちろん、打たれることもありましたが、ずっと『（プロ野球に）行けるだろう』と思っていました。自信を失うようなことはありませんでした。社会人野球の一発勝負も経験できましたし、自分にとってはよかった」

JR東日本は06年に都市対抗野球でベスト4入り、07年には準優勝している。小林は松井光介（元・東京ヤクルトスワローズ）、寺内崇幸（元・読売ジャイアンツ）など、のちにプロ野球に進む選手たちと日本一を目指した。

1年目に6勝して年俸は大幅アップ

184センチ、87キロという恵まれた体格から150キロを超えるストレートを投げ込む小林は、ベイスターズから高い評価を受けた。契約金は1億円プラス出来高5000万円、年俸は1500万円だった。

小林が当時を振り返る。

「僕は大場翔太（東洋大学→福岡ソフトバンクホークス）の外れ1位でした。その年は、大学生・社会人ドラフトとは別に高校生ドラフトが行われ、常葉菊川（静岡）で日本一になった田中健二朗が（ベイスターズに）1位で指名されました。彼が甲子園の優勝ピッチャーだったこともあって、僕がプレッシャーを感じることはありませんでした」

プロ1年目の08年、小林は22試合に先発し、6勝5敗1セーブ、防御率4・41という成績を残し、年俸は2400万までアップした。

しかし、09年以降は思うように勝ち星を伸ばせなかった。

「プロでは全然稼げませんでした。最高で2500万円。25、26歳でその金額をもらえるのはすごいことですが、プロ野球の場合、出ていくお金が多いんです。後輩と飲みに行く時には僕が払います。当時の選手たちはムチャクチャ飲んでました（笑）。普通の方が思う以上に出費が多いので、年俸だけでは回らないくらい」

社会人野球時代に「プロに行ける」と確信した小林は、思い切って金を使った。

「社会人時代に貯めたお金は、プロに入る前に全部使いました。守りに入ったらダメだと思って。

プロ野球選手になった時も、『使える金は全部使おう』と思ったんです。お金を使う経験は、プロでいる間にしかできないから。そこそこ稼げるようになってから、欲しいクルマに乗ったし、飲みに行ったし、いい経験ができました。もともと、モノに執着するタイプではないんですけど」

ひとつだけ、自分に禁じたことがある。

「スポンサーというか、タニマチの人にごちそうになるのは避けて、自分で支払いをするようにしていました。自分の金で行けないような店で世話になってしまうと、声がかかったら、行きたくない時でも行かなきゃいけなくなる。『顔を立てないと』となってしまうので。自由じゃなくなりますよね。

自分で支払える範囲であれば問題ないんです。お金が全部なくなって、それで終わりですから。そういう付き合いをしなくてよかったと思います」

プロ入り前に一度会社員を経験したことが役に立った。

「どれだけたくさん稼いだかよりも、どんな目的で誰のために使ったのかのほうが大事な気がします。ちゃんと考えて使ったのか、なんとなく減っていったのかでも、全然違います。ただ単に自分を大きく見せるために、高いシャンパンを入れるというのは……どうかと思いますね」

信頼関係をつくるために使った金はのちのちの財産になる。

「1億円をきれいな女の子に貢いでも助けてくれないけど、仲間や後輩たちは自分が苦しくなった時に救いの手を差し伸べてくれるかもしれない。そんなことを考えてお金を払うわけじゃないけど、その違いは大きいと思います。

プロで稼いだ分を『貯めていればよかったのに』と言われることもあります。が、自分ではそうは思いません。ただ、資産形成のためのお金を少し残しておけばよかったかな（笑）」

プロで長くプレーするための目標

プロで輝きを放った時間は短かった。プロ入りした時に25歳だった小林は31歳でユニホームを脱ぐことになる。

「年齢的に遅いプロ入りだったので、『やれるだけやってやろう』と思いました。プロでやれるチャンスをもらったからには、頑張るしかない。ただ、プロ野球に入ったことで満足した部分があったかもしれません。

もし10年間プレーしようと考えるなら、5年目までに投手タイトルを獲ろうとか、年間200イニング投げようとか、1年間ローテーションを守って10勝しようとか、しっかりした目標を立てたと思う。そこがぼんやりしていたのは事実ですね。明確な目標を持った人、執着心を持った人、自分で戦略を立てられる人は強い。そういう人はプロでも長くプレーしています」

その球団にはその球団のメンバー構成があり、監督やコーチには起用方針がある。「使われるところで全力を尽くす」だけでは生き残るのは難しい。

「僕はずっと『プロ野球選手になれる』と思っていましたが、その先のことをあまりイメージできていなかった。大学、社会人と経歴を積み重ねてきた分、常識が邪魔をした部分があったのかもしれない。

スーパースターって、どこかが人と違っています。逆に言うと、人との違いが正解になる人がスーパースターになれる。イチローさん（元シアトル・マリナーズほか）はその代表例だと思います。松井秀喜さん（元ニューヨーク・ヤンキースほか）もそう。

大谷翔平くん（ロサンゼルス・エンゼルス）が侍ジャパンの決起集会に出なくても、誰も文句を言わない。『大谷ならそうだよね』となる。彼らのように突き抜けられるほどのものが僕にはなかった」

小林はいつ、引退後のことを考えるようになったのか。

「プロ6年目のシーズンオフですね。規定を超える50パーセントダウンの提示を受けました（2500万円→1200万円）。ここで僕は、一度クビを切られたようなものです。ドラフト1位入団だから温情で残してもらったという感じです」

毎年、ドラフト会議で有望な新人が入団してくる。30歳を越えたベテランを見る目は年々厳しくなる。

「選手を使う側のコーチが、『もう小林は無理だな』と見ているのがよくわかりました。そういう評価を覆すためには、よっぽどのことをしないといけない。でも、それができる年齢じゃなかった。

毎年、戦力外になる人ってわかるんですよ。オープン戦で呼ばれないとか、雨で中止になったら登板を飛ばされるとか。登板の機会が、目に見えて少なくなる。プロ野球は平等な世界ではない。みんなにチャンスが与えられるわけじゃありません」

現役最終年となった14年、小林が一軍で投げたのはわずか2試合だけだった。

「自分でも覚悟をしていましたが、だからと言って、練習で手を抜くのはカッコ悪いじゃないですか。練習はちゃんとやる、試合では全力で投げて結果を残す。そして、絶対に文句は言わないと決めました。人に、恥ずかしい姿を見せたくないというプライドもありました。

一日一日を楽しく過ごすことが自分のプラスになると考えました。最後の1年はいい過ごし方ができたし、そのあとに繋がったと思います」

沖縄にできた独立リーグの球団社長に就任

小林には人生の大きな目標がふたつあった。

ひとつはプロ野球選手になること。もうひとつが社長になること。

大学卒業後にJR東日本に勤めた経験のある小林は、簡単に社長になれるわけではないということがわかっていた。

「戦力外になってから、次の仕事をどうしようかと思いました。まわりの人が喜んでくれる仕事をしたいと考えました」

そのためには、ひとつひとつ、新しいことを積み重ねるしかない。

「プロ野球選手会が始めたセカンドキャリアサポートで就職を決めました。はじめは営業職も考えたんですけど、タカラレーベンという不動産会社の経営企画職の募集があったので、入社することになりました。

上場企業の決算とか、株主総会とかを間近で見られて、ものすごく勉強になりました。株式会社は誰のためにあるのか？　そもそも会社の役割とは？　いろいろなことを考えるきっかけになりました」

この間も、社長になりたいという思いを持ち続けていた。

大学時代の同期は、もう中堅社員になっている。大きな仕事を任されている人もいた。

「会社員として働く大学の同期のことも気になりました。彼らは僕が社会人野球をしていた2年間、プロにいた6年間、いろいろな経験を積んでいます。すぐに追いつけるとは思いません。でも、大きな企業で社長になろうと考える人は多くないはず。僕は、彼らがしていない経験をしているので、その優位性はあると考えます」

2019年になって、思わぬ形で再び野球との接点ができた。

「自分の中に、スポーツビジネスをしたいという思いがありました。セミナーに通ったり、本を読んだりするなかで、タカラレーベンの時の上司から『一緒にやろう』と声がかかりました。

はじめは、選手の資産運用とかさまざまな相談に乗ることになっていたんですが、プロ野球を16球団に増やそうという動きもあり、沖縄に球団をつくろうという話になりました」

四国や近畿、関東など日本各地で野球の独立リーグが活動している。それとは別に、プロ野球（NPB）入りを目指す選手がプレーする球団を沖縄につくることになった。

「1チームだけでは試合はできない。練習だけというのは難しい。僕は沖縄県の経済状況を知っていたので反対をしたんですが、最終的に事業としてやることになりました」

19年7月、琉球ブルーオーシャンズが誕生した。設立の目的は、NPBが16球団にエクスパンション（球団拡張）した場合に名乗りを上げることだった。東北楽天ゴールデンイーグルスの初代監督だった田尾安志がゼネラルマネージャーに就任。村中恭兵、比屋根渉（いずれも、元・東京ヤクルトスワローズ）、吉村裕基（元・福岡ソフトバンクホークスほか）など元プロ野球選手もメンバーに名を連ねた。

そして、小林が球団社長をつとめることになった。ユニホームを脱いで6年後のことだった。

「先行きは不透明でしたが、選手を集めたり、監督、コーチに声をかけて入団してもらいました」

球団設立を発表してわずか半年で、三菱地所など20社のスポンサーが集まったという。

「19年から20年にかけて、沖縄に対する投資の状況はものすごくよかったんです」

しかし、計画通りにことは進まなかった。

20年2月、読売ジャイアンツ三軍とオープニングゲームを行ったが、すぐに新型コロナウイルスの感染が全国に拡大していった。

その後、チームの方向性に関して経営陣の意見が分かれ、小林はチームを離れることになった。

「一緒にやっていた人たちの中には当然、成功モデルがあったんですけど、それが合致しなかった。2年目のはじめに、僕はやめるという意思を伝えました。

お金を出してくださった方々にご迷惑をおかけしたことは本当に申し訳なく思って

います。どうにかして報いることができればと考えています」

初代監督の清水直行（元・千葉ロッテマリーンズ）は続けて指揮をとったが、田尾は20年11月に退任した。

23年4月、琉球ブルーオーシャンズの運営会社であるBASE沖縄球団は自己破産を申請している。

何歳になっても経験はプラスにできる

社長として苦汁をなめた小林は2021年9月からIT・DXコンサルティング会社「TREASURY」で働いている。

IT戦略のコンサルティングや経理代行、ファイナンシャルアドバイザリーのほか、クラウド型の電子契約システム、本人確認のシステムなどを提供する会社だ。アスリート人材を企業に紹介する人材紹介業も行っている。

前節に登場した大引啓次と同様に、野球界が裏金問題で揺れたあとにプロ野球に入った小林は、前の世代のプロ野球選手とは違った金銭感覚を持っている。

「僕はプロ野球でそれほど稼げなかったので、引退したあとも金銭面で苦労した経験はありません。一番ギャップに苦しむのは年俸4000万円、5000万円くらいだった人じゃないでしょうか。

そういう選手は、活躍した分知名度が高いし、プライドも捨てられないかもしれない。1年で何千万円も稼げる仕事なんかそうそうありません。1年活躍して1億円もアップする仕事なんかほかにはない。僕はプロ野球であまり活躍できなかったけど、だからこそ、これから頑張ろうと思っています」

プロ野球OBのセカンドキャリアのあり方は大きく変わった。

「解説者では、里崎智也さん（元・千葉ロッテマリーンズ）や多村仁志さん（元・横浜ベイスターズなど）が人気ですよね。里崎さんはキャッチャー目線でいろいろな分析ができるし、多村さんはサイバーメトリックスに詳しくて数値に強い。藤川球児さん（元・阪神タイガースなど）の解説はわかりやすいと評判です。

昔みたいに、実績がモノを言うのではなくて、勉強している人が重宝されているように思います。いい意味で競争原理が働いている」

プロ野球OBも、野球を勉強しないといけない時代になった。昔は新人選手のことを「知らない」と言い切る解説者もいたが、もう通用しない。現役時代の成績だけでは野球を語ることはできない。

選手のありようも変化している。

「プロでも、突き抜けた個性を持った選手がたくさんいます。ムダなお金は使わないし、アスリートだからお酒も飲まない。筒香嘉智（サンフランシスコ・ジャイアンツのマイナーチームで3Aのサクラメント）とも一緒にプレーしましたが、お酒よりもご飯をしっかり食べて寝たいという人でした。プロ野球選手はどんどんアスリート化していますね。

今の選手はみんな、本当にちゃんとしています。プロ野球ほどいい仕事、これだけ稼げるプロスポーツはなかなかありませんから」

小林は23年に、40歳になった。

「プロ野球ではみんな、苦しいけど、楽しい時間を過ごしていると思います。厳しい世界に飛び込むことはリスクが高いと考えられます。だけど、そこでの経験は、何歳になってもプラスに転化できるはず。自分のやり方次第でそれができるということを僕は示せるようにしたい」

プロ野球で名を残すことはできなかったが、小林には小林の道が見える。

「アスリートとしての経験を持って社会で成功したり、何かしらのインパクトを残したりすることができればいい。オンリーワンになれば、価値は上がっていく。『小林太志も頑張ってるな』と言われるようになりたいですね」

社長を目指して、現在はIT系の企業で切磋琢磨する小林太志

CASE 4

鵜久森淳志

14年間の戦いを終えて、未完の大器はライフプランナーに

2004年春のセンバツで初優勝を果たした済美（愛媛）には、高校野球の歴史を塗り替える可能性を秘めたスラッガーがいた。身長190センチ近い長身の右打者、鵜久森淳志が2本のホームランを放って注目された。

済美は夏の甲子園でも順調に勝ち上がり、春夏連覇がかかった駒大苫小牧（南北海道）との決勝戦、10対13で迎えた9回表。ホームランが出れば同点の場面で打席に立ったのが、この大会で3本塁打を打っていた四番打者の鵜久森だった。

鵜久森が放った打球は高々と舞い上がり——駒大苫小牧の遊撃手のグラブに収まった。

「春も夏もたくさん試合をしたのでどの試合でホームランを打ったのかは全然覚えていませんが、最後の打席のことは今でも忘れられません」と鵜久森は笑う。

その夏の高校日本選抜に選ばれた鵜久森は、ドラフト会議で北海道日本ハムファイターズから8位指名を受けた。将来性を評価されての指名だった。

04年春のセンバツに初出場して初優勝を飾った済美は、もともとは女子高だった。男女共学になると同時に創設された野球部の監督は、宇和島東（愛媛）時代に日本一に輝いた経験を持つ上甲正典。監督は全国でも名を知られた名将だが、野球部に実績はない。

同校野球部の1期生で、ひそかにプロ野球選手になろうという希望を持っていた鵜久森は自分なりに作戦を立てていた。

「ホームランをガンガン打てば新聞や雑誌で取り上げてもらえるんじゃないか」

幸いなことに、野球部に先輩はいない。一年生であっても、すぐに試合に出ることができた。中学時代に1本もホームランを打っていない鵜久森は作戦通りに柵越えを連発、3年間で通算47本塁打を記録している。

「夏は日本一になれませんでしたが、ジャパンにも選ばれ四番も任されました。これで、プロ野球選手になれるかもしれないと思いました。ただ、本当に指名があるのかどうか、心配でした」

ドラフト会議前、高校生の鵜久森に、プロ野球の各球団の動向は知らされなかった。

「指名されたと聞いて、ほっとしたというのが正直なところでした。甲子園で対戦したダルビッシュ有（東北高校）が1位だったので、『一緒の球団に入るんだな』と思いました」

契約金3500万円、年俸は480万円だった。

「まだ高校生だったので、新聞に3500万円と書かれていても、ピンと来ていませんでした。多いとか少ないとか、も全然。もちろん、管理は親に任せて、お小遣いをもらうような立場でした」

入団後の数年、年俸は横ばいだった

球団は2004年に本拠地を北海道札幌市に移したが、鵜久森は千葉県鎌ケ谷市にあるファイターズの寮でプロ野球人生をスタートさせた。

「プロ野球選手はこんなにお金をもらえるんだなという驚きがありました。それまでアルバイトをしたこともなくて、見たことのない金額をもらっても『本当に使っていいのか』と思っていました」

寮で野球に打ち込む18歳が財布を開く機会はほとんどない。たまに外食した時には先輩が払ってくれるからだ。

プロ1年目の05年。鵜久森は二軍の重点強化指定選手に選ばれた。イースタン・リーグ公式戦96試合のうち88試合に出場。8本塁打（リーグ7位）を放ったものの、打率（2割2分8厘）と三振数（90）はリーグ最下位だった。

「試合にはたくさん出してもらいましたし、練習でも絞られました。ずっと試合か練習をしているというのは高校時代と同じ。それでお金をもらえることが不思議でしたね。

一軍でプレーしている先輩には、『おまえらはまだプロ野球選手じゃないぞ』と言われていました」

それは戒めの言葉でもあり、激励の言葉でもあった。

「一軍の選手たちがお客さんを集めて、球団として利益が出るわけじゃないですか。『おまえらはまだ何も貢献していないんだから』と言われたことを覚えています。少しでも早く、ここから這い上がらないといと思いました」

同期入団のダルビッシュは05年に一軍で5勝を挙げた。もちろん、鵜久森は一軍に呼ばれることはなかった。

ダルビッシュはプロ2年目の06年に12勝。それ以降、6年連続で二桁勝利をマークしてメジャーリーグ移籍を果たした。鵜久森は06年4月に代打で一軍デビューを飾ったが、主戦場は二軍のまま。

07年、イースタン・リーグで打率2割8分6厘、10本塁打、46打点をマークしても、一軍に定着することはできなかった。

08年の一軍出場は11試合だけ。09年はイースタン・リーグで20本塁打（リーグ2位）を放つも、一軍でプレーする機会はなし。この間、年俸はほぼ横ばいだった（入団時480万円→500万円）。

10年は一軍で23試合に出場してヒットは10本。11年は42試合出場で15安打に終わっている。

「ダルビッシュは同期なんですけど、もうスーパースターになっていました。僕が一軍に上がった時にはご飯に誘ってくれました。『聞きたいことがあったら聞いたら』という感じで、埼玉西武ライオンズの中島裕之さんとの会食をセッティングしてくれたこともありました。ダルビッシュの優しさを感じましたね。

でも正直、目の前の試合で結果を出そうと必死で、余裕はありませんでした。彼とは立場が違いましたし」

大阪桐蔭から入団した中田翔が09年に一軍デビュー。11年にはレギュラーポジションを獲得した。鵜久森は、3学年下の長距離砲の後塵を拝することになる。

一軍でどれだけ打っても年俸は上がらない

そんな鵜久森がプロ野球選手になったと実感できたのはいつなのか。

「一軍で初ホームラン（2011年）を打った時ですね。僕はプロ5年目の09年に二軍で20本ホームランを打ったんですけど、中田は30本塁打しています。下でどれだけいい成績を残しても年俸は上がりません。やっぱり一軍で活躍しないと。一軍で打席に立たせてもらえるようになって、やっとスタートだなと思いました」

外野を守る鵜久森が出場機会を増やすために一塁手での守備練習を行ったが、ほとんどが代打で、時にDH（指名打者）で起用された。

大器はなかなか覚醒の気配を見せることはなかった。この間、当の本人は自分が置かれた状況の厳しさを痛感していた。

「チャンスをもらいながら結果を残せない。自分でも歯がゆさを感じていました。『いつ切られるか、いつ切られるか』とプロ2年目くらいから思っていました」

190センチ近い大型野手が活躍できるようになるまで時間がかかるというのは、プロ野球界の定説だ。その代わり、モノになれば大きな戦力になる。問題は、どれだけ我慢すればいいのかがわからないこと。

「1年1年が勝負だと覚悟を決めて臨みました。プロに入る時には、いずれは1億円プレーヤーになりたい、打撃タイトルを獲りたいと思ったものですが、現実は厳しかった」

12年、鵜久森は37打席に立ち、4本塁打を放っている。しかし、打率は2割1分9厘。レギュラーポジションは遠かった。

「ピッチャーで入団した糸井嘉男さんが外野手に転向したり、FAで稲葉篤紀さんが移籍してきたり。すごい選手が加わることで、自分の居場所がなくなっていきました。もうレギュラーにはなれそうにない。せめてチームの一員として、戦力になりたかった。たとえ代打の一打席であっても、自分の力を出せればと思っていました。もちろん、レギュラーにならない限り年俸が上がらないということはわかっていましたが」

鵜久森にはボールを遠くへ飛ばす能力があった。

「左ピッチャーが登板する時の代打のスペシャリストになろう。一打席で結果を残すのは本当に難しいことだけど、それしかないと思いました」

栗山英樹監督が就任したファイターズはこの年、リーグ優勝を果たした。外野には糸井、中田、陽岱鋼、ファーストに稲葉が入る強力な布陣だった。鵜久森が活躍する余地はなかった。

13年は22試合、14年は24試合しか一軍で起用されなかった。

プロ11年目のシーズンとなった15年。二軍で10本塁打を放つも、一軍では結果を残せず（出場試合は3。ヒットなし）、10月に戦力外を通告された。

11年間で放った本塁打はわずか6本。球団にとって、我慢の限界を超えていた。

「バッティングが好調の時に骨折して、それを隠しながらプレーしたこともありました。でも、ごまかしはきかなくて……せっかくもらったチャンスをムダにしたくない一心でした。そうしないと生き残れない世界だし、到底、年俸は上がっていきません」

ファイターズで最後にプレーした15年、鵜久森の年俸は960万円だった。

「戦力外になるんじゃないかと真剣に考えたのはプロ9年目くらい。そのあとは、毎年、危ないと思っていました。球団から連絡が来たのが、子どもの誕生日で……本当、キツかったですね」

しかし、鵜久森はまだ引退するつもりはなかった。

所属球団のない選手たちが集まる12球団合同トライアウトを受けた鵜久森に朗報が届いた。東京ヤクルトスワローズがその可能性を評価し、入団することが決まったのだ。

拾ってくれたチームのためにプレーする

DH制のないセ・リーグでは投手も打席に立つ。試合の中盤以降、投手に代打が送られるケースは多い。それまでのパ・リーグに比べれば、鵜久森にもチャンスが回ってくる可能性があった。

「スワローズに移籍した1年目は、ある程度、期待に応えられたかな。自分でそう思えたのはその年だけですね。やっとチームに貢献できました」

２０１６年、鵜久森は46試合に出場。１４６回、打席に立った。放ったヒットは35本、そのうちホームランが４本、打点は19を記録した（打率２割５分７厘）。

「一度クビになったのに拾ってもらえたということで、スワローズに移籍してからマインドが変わりました。それまでは自分が活躍することしか考えていなかったんですけど、気持ちを向ける方向が変わりました。チームのために、この人たちのためにと。レギュラーではないけど、個人的な達成感はありました。そんな気持ちはプロになって初めてでした」

鵜久森の年俸は１３００万円まで上がった。

17年は45試合に出場して18安打、１本塁打、打率２割０分９厘。

18年は19試合に出場、５安打、０本塁打、打率２割９分４厘。

「スワローズに移籍した時にはもう、体がボロボロでした。今年はできるかな？　と毎年思っていました」

18年のシーズンオフ、鵜久森は2度目の戦力外通告を受けた。1億円プレーヤーにも、レギュラーにもなれなかったし、打撃タイトルも獲得できなかった。

「1・5軍のベストナインがあれば、僕は間違いなく選ばれますね（笑）。戦力外になってはじめに考えたのは、次の仕事は何をしようかということですね。小学四年生で野球を始めて、32歳まで野球しかやってこなかったんですから、自分に何ができるかなんてわかりませんでした」

戦力外通告を受けたあともトレーニングを続けた。

「トライアウトを受けるためにというよりも、自分の気持ちを整理するために、グラウンドを走りながら『これからどうする？　何をすればいい？』と同じ境遇の久古健太郎（元・東京ヤクルトスワローズ）と話をしていました」

野球界で仕事を探すべきか、外に働き場所を求めるのか。ふたりで話をしても、答えは出ない。

「俺たちはまだ30代前半だったので、野球がない世界でも『まだ間に合うんじゃないか』と話をしました。

どれだけ悩んでも、誰に相談しても、正解はないと思います。僕は今ライフプランナーになってお金を扱う仕事をしているので余計に考えるんですけど、野球界に残れれば居心地はいい。だけど、数年経てば、また進路を考えないといけない時期が来る。そういう人をたくさん見てきました」

鵜久森は、野球から離れるという選択をした。

「いろいろなお話をいただいたんですけど、『野球の仕事はしません』と言ってお断りしました。仕事としては離れても、どうせ野球との縁は切っても切れないと思いますから」

鵜久森は32歳と若かった。もちろん、体力もある。覚悟を決めれば仕事は見つけられるだろう。

「ただ、入りたいと思う会社の名前は浮かびませんでした。どういう道を選べば、自分の経験が生かせるのか、次に繋げられるかを考えました。警察官になるという話もありました。公務員なので安定はしているけど、自分が警察官の仕事をする姿がイメージできなかった。立派な仕事だとわかっていますが、僕の中では違った。いろいろ考えた末に、働く環境で選ぼうと思いました。誰と一緒に働きたいかを考えて」

パソコンは使えず、コピーも取れない

鵜久森が初めて12球団合同トライアウトを受けた時、ソニー生命柏支社長の訪問を受けていた。

「ソニー生命に浅間敬太さん（元・千葉ロッテマリーンズ）さんが勤務していて、支社長と浅間さんに名刺をいただきました。その時は僕がスワローズに入ることになったので、『まだ野球を続けます』とお話ししたんです。

スワローズをやめる時には、二軍の試合でよく顔を合わせていた同い歳の青松慶侑（元・千葉ロッテマリーンズ）が先にソニー生命に入っていました。そういう縁もあり、選んだ仕事がライフプランナーです。ソニー生命でお世話になることにしました。はじめは、営業マンって何するの？　と思いました。保険を売るって？　というぐらい無知でした、本当に」

高校時代は365日野球漬けの日々を送った。プロ野球での14年間も、生活の真ん中にはいつも野球があった。

文字通り、ゼロからのスタートになった。

「ソニー生命は研修制度がしっかりしているので、ビジネスマナーなど基礎的なことはすべて教えてもらいました。おかげでお客さまの前に出ても苦労することはありませんでした。研修はずっと座学で1カ月、毎日が勉強でした」

初めての仕事は、戸惑うことばかりだった。

「パソコンはまったく使えず、はじめは指1本でキーボードをタッチしていました。コピーの取り方もわからないし、FAXも送れませんでした。仕事を始めるにあたって、困ったことばかりでした」

耳慣れない言葉と格闘する日々だった。

「お客さまに『リスケお願いします』と言われても、その意味がわからない。『何、それ?』と思って(笑)。知ったかぶりをすると大変なことになると思ったので、わからないことは『わからない』と言うようにしていました。

聞き慣れない言葉があったら全部メモして、あとで調べるようにしました。途中から、『これはこの会社の中だけで使われる言葉だから知らなくてもいい』とかがわかってきて、話に集中できるようになりました」

鵜久森は、自分のキャリアを打ち出すことをしなかった。

「僕から『プロ野球選手でした』ということはありません。ただ、背が高いので『何かスポーツをしていたんですか』と聞かれることが多くて、その時には正直に答えます。だけど、僕の中で、自分はもう野球選手ではありません。ただの、体の大きい36歳です（笑）」

時には、プロ野球時代のキャリアや知名度が役に立つ。

「いろいろな方とお話させていただくなかで、野球の好きな方が多いなと実感しています。それはメリットですね。野球の話でアイスブレークできるので助かります。デメリットがあるとしたら、元プロ野球選手としか見られないこと。はじめの頃は、『保険のことはあまり知らないんでしょ』という感じで見られたこともありました」

2019年にソニー生命に入社して、今年で5年目になる。

「勤務スケジュールは、基本的に、月曜日と木曜日にはミーティングがあるので出社します。平日のどこでアポイントメントを入れるか、いつ事務作業をするのかは自分で決めて、調整しています。

土曜日の10時から商談して、次の場所に移動して14時から商談。また移動して19時から商談、みたいなスケジュールになります。お客さまのスケジュール優先なので、土日も関係ありません。それはプロ野球選手時代と同じですね」

プロ野球選手の時以上に、やりがいを感じる毎日を送っている。

「ライフプランナーは、お客さまの人生に寄り沿っていろいろなアドバイスをさせていただきながら、一緒にライフプランを考え、お客さまの人生をお守りしていくという仕事です。元プロ野球選手の誰もができる仕事ではないかもしれません。

今まで僕は、ファンの人や関係者に応援されてきました。それをお返しできる、還元できる仕事だと思っています。生命保険という商品を通じて、お客さまと接点を持てる。これまで応援してくれた人を守ることができる仕事だなと思って、ライフプランナーになることを決めてよかったと感じます」

これからどんな人生を送りたいのか

ユニホームを脱いでからわかることもある。14年間のプロ野球人生を振り返って、鵜久森は何を思うのか。

「野球という競技の場合、スターティンググラインアップに名前が並ぶのは９人か10人。監督がいろいろなことを決めますよね。どれだけ自分の調子がよくても試合に出られないことがある。試合開始の何時間も前からグラウンドに入って準備をしたのに出番がないのはツラい。『俺は24時間、何をやってきたのか』とよく思いました。

打席に立てないと反省もできませんが、ライフプランナーという仕事はそうじゃない。商談をして、ご契約していただくか、いただけないかという結果が出ます。うまくいかなかった時に、『何がいけなかったのか』と振り返ることができるんです。そこが一番の違いですね」

現役時代、鵜久森は何度もつらい思いをしている。

「僕は代打で起用されることが多かったんですが、目の前で左ピッチャーが右ピッチャーに交代した時には左バッターが代打で出てくる……僕に信用がないということなんですけど、反省のしようがなくて、気持ちの持っていき場もない。そういう経験を何度もしました」

監督も選手も求めているのは勝利だけだ。グラウンドでは、シビアな判断が下される。

「結果を出せないのは、人のせいじゃない。自分の心がけ次第だということをプロ野球で学びました。結局、人が人を判断するわけじゃないですか。監督が10人いれば10人に使いたいと思われる選手になればいいんです。絶対に使ってもらえますから。僕にはそれができなかった」

華々しい引退セレモニーで送り出されるスターもいれば、ひっそりと球団を去る選手もいる。セカンドキャリアに悩む元プロ野球選手に鵜久森はどんなアドバイスを送るのか。

「毎年、シーズンオフになると、プロ野球選手から相談を受けます。はじめに確認するのは、その人が何をしたいのかですね。その選手の希望や、やりたいことを仕分けしてあげることから始めます。

どういう仕事なら合うのか、あてはまるのかを一緒に考えて、希望があれば紹介してあげる。まずその人をフラットな目で見て、方向性を示して、選択肢を出してあげる」

戦力外を通告されたあと、すぐに前を向ける人は少ない。

「こうしたいと言える選手は少ないですね。どこかでまだ野球をしたいという気持ちを捨てきれないから。野球をやり切ったと思えないと次のことは考えられない。20代前半の選手に多いですね。30代の選手だと、限界を感じているんだけど、野球界の居心地がよすぎてほかの世界に出られなくなる。別の難しさがあります。

ある程度将来を見据えながら、どういう人生を送りたいかを考えてもらいます。野球界かそうじゃないか。体を動かすのか、そうじゃないか。会社で雇ってもらいたいのか、起業したいのか。そういうことを聞きながら。

いずれにしても、ご飯を食べるためには何かを始めないといけない。もう終身雇用の時代ではないので、手に職をつけるか、自分で切り開いていける力をつけるか、そういう準備が必要だという話をします。次の人生の選択は本当に大事ですから」

プロ野球での経験を糧にできる選手もいれば、華やかな世界での習慣が足かせとなる人もいる。

「元プロ野球選手で一番難しいのは、一度上がった生活レベルを落とせないこと。みんなが苦労するのは、そこだと思います。プライドを捨てられる人かそうじゃないかで、その後が変わってきますね」

鵜久森にとって、プロ野球選手だったことはもう昔の話だ。

「将来的には、プロ野球選手のように稼ぎたいという思いはあります。でも、どんな仕事でもそうでしょうが、そんなに簡単に年収は上がりません。

僕がプロ野球選手だったことは、時間の経過とともに忘れられます。その間に、僕は自分で成長していかないといけない。最後は自分次第。プロ野球選手の時よりも責任を感じながら働いています」

もがき苦しんだ時間、困難に立ち向かった経験によってその人は磨かれる——プロ14年間で11本塁打しか打てなかった大砲候補が輝くのはこれからだ。

柔和な表情でライフプランナーの仕事を語る鵜久森淳志

LOTTE

おわりに

高校や大学、社会人で好成績を残したアマチュアの有望選手がプロ野球に入る時、こんな声が聞こえてくる。

「将来のエース候補」

「3年後にはチームの看板選手になれる人材」

「日本球界の宝」

彼らはカメラのシャッター音とともに、賞賛の声に包まれながら、プロ野球の世界に入ってくる。

ドラフト1位ならば契約金1億円！　下位指名の選手でも数千万円の現金を手にする。

しかし、アマチュアとプロ野球とは地続きではない。甲子園での栄光も実績も、そこに持ち込むことはできないのだ。

勝つこともあれば負けることもあるのがスポーツだ。

レベルの高いプロ同士の戦いで、全勝することはあり得ない。力のある者に踏みつぶされてチャンスを失い、ひっそりと消えていくかつての有望選手の後ろ姿をどれだけ見てきたことか。

プロ野球は残酷な世界だ。

能力があると認められれば高額の年俸を得ることができるが、「もう終わり」と見限られれば収入はなくなってしまう。

本書に登場する12人の元プロ野球選手はみんな、数千万円から2億円もの年俸を手にした。入団時の契約金を含めればもっと多くの金額を手に入れている。

怪物や天才がしのぎをけずるプロ野球は厳しい。

それでも、やっぱり夢がある。

自分の能力・肉体を駆使して稼いだ金は、彼らにとってどんな意味があったのか？

本書ではそれを繰り返し、繰り返し、問いかけた。

10年間、1億円プレーヤーをキープした館山昌平は語る。

「1億円プレーヤーになったことで『○○しないとな』という気持ちが生まれてきました。後輩がもっと夢を持てるように、『いい家に住まないといけないよな？　じゃあ買うか』と。夢を与える商売だからいいクルマに乗らないと、と。僕たちは、投手会もバンバンやりました。スタッフ全員にサングラスを配ったり、Tシャツをつくったり。

僕と石川雅規さんで神宮球場のシーズンシートを30席ずつ購入して、聾学校や盲学校の生徒さんを招待していました。僕たちが背伸びしてやったいろいろなことが、いつか生きてくると思います。お金はほとんど残らなかったけど、いい仲間が増えました」

2007年ドラフト1位で横浜ベイスターズに入団した小林太志はこう言った。

「プロ野球選手になった時も、『使える金は全部使おう』と思ったんです。お金を使う経験は、プロでいる間にしかできないから。そこそこ稼げるようになってから、欲しいクルマに乗ったし、飲みに行ったし、いい経験ができました。もともと、モノに執着するタイプではないんですけど。

どれだけたくさん稼いだかよりも、どんな目的で誰のために使ったのかのほうが大事な気がします。ちゃんと考えて使ったのか、なんとなく減っていったのかでも、全然違いますね」

毎年、10人の新人選手が入り、10人がユニホームを脱ぐ世界で、彼らは大金を得る代わりに何を失い、何を手にしたのか？
本書でそれを読みとっていただけたとするならば、著者としてこれほど幸せなことはありません。

２０２３年10月　元永知宏

本書に登場する元プロ野球選手の成績、およびに推定年俸

愛甲猛(あいこう・たけし)

【投手成績】

年	球団	登板	先発	勝利	敗戦	セーブ	ホールド	防御率	推定年俸
1981	ロッテオリオンズ	8	2	0	2	0	…	10.06	450万円
1982	ロッテオリオンズ	5	2	0	0	0	…	6.75	450万円
1983	ロッテオリオンズ	48	0	0	0	0	…	4.38	450万円
通算		61	2	0	2	0	…	6.70	

【野手成績】

年	球団	試合	打席	安打	本塁打	打点	盗塁	打率	推定年俸
1984	ロッテオリオンズ	2	6	0	0	0	0	.000	510万円
1985	ロッテオリオンズ	40	63	18	2	8	0	.305	550万円
1986	ロッテオリオンズ	108	294	71	7	26	4	.265	600万円
1987	ロッテオリオンズ	105	316	76	8	31	2	.260	1080万円
1988	ロッテオリオンズ	130	538	141	17	63	7	.286	1300万円
1989	ロッテオリオンズ	130	576	160	13	65	8	.303	2500万円
1990	ロッテオリオンズ	130	580	127	21	72	15	.243	4000万円
1991	ロッテオリオンズ	130	565	134	8	59	7	.271	4300万円
1992	千葉ロッテマリーンズ	130	534	127	8	53	4	.274	5000万円
1993	千葉ロッテマリーンズ	125	456	100	8	33	3	.251	4800万円
1994	千葉ロッテマリーンズ	111	363	95	5	41	1	.291	4700万円
1995	千葉ロッテマリーンズ	46	121	19	2	7	1	.181	6500万円
1996	中日ドラゴンズ	56	91	17	4	17	0	.207	3000万円
1997	中日ドラゴンズ	93	121	28	2	20	0	.283	2900万円
1998	中日ドラゴンズ	78	78	14	2	13	0	.226	3500万円
1999	中日ドラゴンズ	38	34	12	0	3	0	.387	3800万円
2000	中日ドラゴンズ	14	13	3	1	2	0	.250	4000万円
通算		1532	4749	1142	108	513	52	.269	5億4390万円

1962年、神奈川県生まれ。横浜(神奈川)のエースとして1980年夏の甲子園で優勝。その秋のドラフト会議で1位指名を受けてロッテオリオンズ(現・千葉ロッテマリーンズ)に入団。契約金は4800万円。プロ4年目に投手から野手に転向。1988年に初めて規定打席に到達。1989 年に初めてのオールスターゲーム出場、ゴールデングラブ賞にも選ばれた。1988年から535試合フルイニング出場を続けた。2000年限りで現役を引退。現在は社会人野球クラブチーム・TOKYO METSのコーチを務めている。

中根仁（なかね・ひとし）

年	球団	試合	打席	安打	本塁打	打点	盗塁	打率	推定年俸
1989	近鉄バファローズ	59	157	34	10	21	2	.236	700万円
1990	近鉄バファローズ	86	213	41	3	23	3	.217	1000万円
1991	近鉄バファローズ	103	262	67	6	18	7	.291	1500万円
1992	近鉄バファローズ	52	94	12	1	5	2	.148	2100万円
1993	近鉄バファローズ	112	324	77	8	35	18	.263	2400万円
1994	近鉄バファローズ	103	344	87	10	42	12	.291	3500万円
1995	近鉄バファローズ	4	13	3	0	0	2	.300	5000万円
1996	近鉄バファローズ	80	257	58	8	23	0	.244	4000万円
1997	近鉄バファローズ	45	133	21	1	9	2	.188	4500万円
1998	横浜ベイスターズ	70	205	53	4	31	2	.301	4500万円
1999	横浜ベイスターズ	71	211	52	5	25	0	.272	6000万円
2000	横浜ベイスターズ	103	381	109	11	61	1	.325	6000万円
2001	横浜ベイスターズ	104	305	68	7	33	1	.263	8000万円
2002	横浜ベイスターズ	58	106	19	3	12	0	.216	7200万円
2003	横浜ベイスターズ	42	74	16	1	13	0	.232	6200万円
通算		1092	3079	717	78	351	52	.264	6億2600万円

1966年、宮城県生まれ。東北（宮城）、法政大学を経て、1988年ドラフト2位で近鉄バファローズに入団。1990年には新人ながら10本塁打を放ち、リーグ優勝に貢献した。1997年のシーズンオフに横浜ベイスターズ移籍、チームの38年ぶりのリーグ優勝、日本一を経験した。2003年限りで現役を引退。その後は球団のスカウトに転身。2006年からはコーチとして後身の指導に当たった。現在は公益社団法人『プロ野球OBクラブ』のWeb統括リーダーとして活動している。

川崎憲次郎（かわさき・けんじろう）

年	球団	登板	先発	勝利	敗戦	セーブ	ホールド	防御率	推定年俸
1989	ヤクルトスワローズ	23	13	4	4	1	…	3.94	480万円
1990	ヤクルトスワローズ	29	26	12	13	0	…	4.05	1000万円
1991	ヤクルトスワローズ	28	25	14	9	1	…	2.91	2200万円
1992	ヤクルトスワローズ	…	…	…	…	…	…	…	4000万円
1993	ヤクルトスワローズ	27	20	10	9	0	…	3.48	3500万円
1994	ヤクルトスワローズ	20	18	6	9	0	…	4.79	5500万円
1995	ヤクルトスワローズ	7	5	3	0	0	…	1.82	5000万円
1996	ヤクルトスワローズ	5	1	0	0	0	…	3.86	4100万円
1997	ヤクルトスワローズ	22	19	7	5	0	…	4.19	3200万円
1998	ヤクルトスワローズ	29	28	17	10	0	…	3.04	4200万円
1999	ヤクルトスワローズ	24	24	7	11	0	…	3.85	1億100万円
2000	ヤクルトスワローズ	20	20	8	10	0	…	3.55	1億円
2001	中日ドラゴンズ	…	…	…	…	…	…	…	2億円
2002	中日ドラゴンズ	…	…	…	…	…	…	…	2億円
2003	中日ドラゴンズ	…	…	…	…	…	…	…	2億円
2004	中日ドラゴンズ	3	3	0	1	0	…	34.71	1億5000万円
通算		237	202	88	81	2	…	3.69	12億8280万円

1971年、大分県生まれ。津久見（大分）のエースとして、1988年春のセンバツ、夏の甲子園に出場。その秋のドラフト会議でヤクルトスワローズから1位指名を受けた。契約金は6000万円。プロ1年目の1989年に4勝をマーク。その後はローテーション投手としてスワローズの黄金時代を支えた。1998年に最多勝と沢村賞を獲得している。2000年オフにFAで中日ドラゴンズに移籍したが、肩を痛めて0勝に終わった。2004年限りで引退。現在は野球解説者として活動している。

GG佐藤（じー・じー・さとう）

年	球団	試合	打席	安打	本塁打	打点	盗塁	打率	推定年俸
2004	西武ライオンズ	45	63	17	3	8	0	.298	700万円
2005	西武ライオンズ	37	59	12	2	3	0	.214	900万円
2006	西武ライオンズ	45	138	33	4	17	2	.248	850万円
2007	西武ライオンズ	136	542	136	25	69	7	.280	1300万円
2008	埼玉西武ライオンズ	105	432	117	21	62	1	.302	3700万円
2009	埼玉西武ライオンズ	136	556	146	25	83	1	.291	6700万円
2010	埼玉西武ライオンズ	53	179	33	6	19	1	.204	1億500万円
2011	埼玉西武ライオンズ	…	…	…	…	…	…	…	6300万円
2013	千葉ロッテマリーンズ	30	54	13	2	9	0	.255	1000万円
2014	千葉ロッテマリーンズ	…	…	…	…	…	…	…	1300万円
通算		587	2023	507	88	270	12	.276	3億3250万円

1978年、千葉県生まれ。桐蔭学園（神奈川）から法政大学に進み、卒業後にはアメリカのマイナーリーグでプレーした。2003年ドラフト会議で7巡目指名を受け、西武ライオンズに入団。契約金は300万円。プロ1年目から一軍でプレー。2005年に、打撃力を生かすために捕手から内野手に転向し、2007年にレギュラーポジションをつかんだ。2007年から3年連続で20本塁打以上を放った。2008年北京オリンピックには日本代表として出場している。2014年に現役を引退した。

西川慎一（にしかわ・しんいち）

年	球団	登板	先発	勝利	敗戦	セーブ	ホールド	防御率	推定年俸
1994	近鉄バファローズ	3	1	0	1	0	…	6.23	1000万円
1995	近鉄バファローズ	…	…	…	…	…	…	…	1000万円
1996	近鉄バファローズ	12	0	0	0	0	…	2.63	900万円
1997	近鉄バファローズ	51	0	1	1	0	…	3.00	1030万円
1998	近鉄バファローズ	61	0	0	1	0	…	2.87	1930万円
1999	大阪近鉄バファローズ	22	0	0	0	0	…	3.42	2300万円
2000	大阪近鉄バファローズ	11	0	1	0	0	…	7.71	2100万円
2000	阪神タイガース	45	0	2	1	0	…	1.93	…
2001	阪神タイガース	28	0	0	1	0	…	7.78	3150万円
2002	阪神タイガース	5	0	0	0	0	…	14.73	2850万円
2003	広島東洋カープ	43	0	0	0	0	…	7.15	1200万円
2004	広島東洋カープ	1	0	0	0	0	…	…	1500万円
通算		282	1	4	5	0	…	3.91	1億8960万円

1967年、愛媛県生まれ。大洲農業（愛媛）からNTT四国に進んだ。1993年ドラフト会議で近鉄バファローズから2位指名を受けて入団。契約金は7000万円。1997年にセットアッパーとして51試合、1998年には61試合に登板。2000年のシーズン途中、交換トレードで阪神タイガースに移籍したのち、2003年から広島東洋カープでプレー。2004年限りで現役を引退した。現在は実家の事業を継ぎ、お食事処「にし川」、ホテル「ウエストリバー」を経営している。

米野智人（よねの・ともひと）

年	球団	試合	打席	安打	本塁打	打点	盗塁	打率	推定年俸
2000	ヤクルトスワローズ	…	…	…	…	…	…	…	700万円
2001	ヤクルトスワローズ	1	1	0	0	0	0	.000	700万円
2002	ヤクルトスワローズ	22	55	10	1	2	0	.196	700万円
2003	ヤクルトスワローズ	…	…	…	…	…	…	…	1000万円
2004	ヤクルトスワローズ	15	18	1	0	0	1	.063	900万円
2005	ヤクルトスワローズ	34	70	9	1	4	2	.145	900万円
2006	東京ヤクルトスワローズ	116	382	80	7	37	0	.235	1400万円
2007	東京ヤクルトスワローズ	32	85	14	3	9	0	.179	3200万円
2008	東京ヤクルトスワローズ	16	13	1	0	1	0	.100	2600万円
2009	東京ヤクルトスワローズ	11	19	5	0	0	0	.278	2000万円
2010	東京ヤクルトスワローズ	…	…	…	…	…	…	…	1700万円
2010	埼玉西武ライオンズ	…	…	…	…	…	…	…	…
2011	埼玉西武ライオンズ	3	0	0	0	0	0	.000	1600万円
2012	埼玉西武ライオンズ	32	64	12	1	6	0	.207	1300万円
2013	埼玉西武ライオンズ	3	4	0	0	0	0	.000	1400万円
2014	埼玉西武ライオンズ	12	21	4	0	5	0	.211	1200万円
2015	埼玉西武ライオンズ	2	4	0	0	0	0	.000	1100万円
2016	北海道日本ハムファイターズ	1	0	0	0	0	0	.000	1000万円
通算		300	736	136	13	64	3	.206	2億3400万円

1982年、北海道生まれ。北照（北海道）時代に1998年春のセンバツに出場。1999年ドラフト会議で、ヤクルトスワローズから3位指名を受けて入団。契約金7500万円。プロ3年目の2002年に初ヒット、初本塁打。2006年には116試合に出場し、7本塁打を放った。しかし、その後は出場機会に恵まれなかった。2010年6月に西武ライオンズへ移籍、2016年に北海道日本ハムファイターズで引退。2021年3月、ベルーナドームにビーガン料理店「BACKYARD BUCHERS」をオープンした。

礒部公一(いそべ・こういち)

年	球団	試合	打席	安打	本塁打	打点	盗塁	打率	推定年俸
1997	近鉄バファローズ	62	147	31	0	6	3	.233	1200万円
1998	近鉄バファローズ	118	359	93	4	31	2	.291	1600万円
1999	大阪近鉄バファローズ	130	384	78	4	27	1	.232	2900万円
2000	大阪近鉄バファローズ	94	359	99	6	33	6	.311	2600万円
2001	大阪近鉄バファローズ	140	604	172	17	95	7	.320	5000万円
2002	大阪近鉄バファローズ	117	444	107	3	30	6	.270	1億円
2003	大阪近鉄バファローズ	135	516	128	12	72	9	.288	7600万円
2004	大阪近鉄バファローズ	120	529	141	26	75	7	.309	7800万円
2005	東北楽天ゴールデンイーグルス	122	534	128	16	51	2	.264	1億5000万円
2006	東北楽天ゴールデンイーグルス	96	382	95	4	36	5	.275	1億5000万円
2007	東北楽天ゴールデンイーグルス	123	486	122	5	48	5	.277	1億500万円
2008	東北楽天ゴールデンイーグルス	46	140	29	0	12	2	.234	1億円
2009	東北楽天ゴールデンイーグルス	8	21	2	0	1	0	.118	4200万円
通算		1311	4905	1225	97	517	55	.281	9億3400万円

1974年、広島県生まれ。西条農業(広島)、三菱重工広島を経て、1996年ドラフト会議で近鉄バファローズから3位指名を受けて入団。契約金は8000万円。2001年、捕手から外野手へ。中村紀洋、タフィ・ローズに続く五番打者として打率.320、17本塁打、95打点という好成績を残し、チームの12年ぶりのリーグ優勝に貢献した。ベストナインに選ばれている。2004年限りで近鉄が消滅。新球団の東北楽天ゴールデンイーグルスに移籍した。初代選手会長、初代主将として活躍したあと、2009年に現役引退。

古木克明(ふるき・かつあき)

年	球団	試合	打席	安打	本塁打	打点	盗塁	打率	推定年俸
1999	横浜ベイスターズ	3	3	0	0	0	0	.000	800万円
2000	横浜ベイスターズ	…	…	…	…	…	…	…	850万円
2001	横浜ベイスターズ	4	5	0	0	1	0	.000	840万円
2002	横浜ベイスターズ	34	106	32	9	22	2	.320	820万円
2003	横浜ベイスターズ	125	389	73	22	37	2	.208	1640万円
2004	横浜ベイスターズ	94	208	54	11	27	3	.290	2500万円
2005	横浜ベイスターズ	65	116	26	2	10	1	.248	2500万円
2006	横浜ベイスターズ	110	321	75	10	35	3	.252	2300万円
2007	横浜ベイスターズ	72	168	39	4	14	1	.247	2800万円
2008	オリックス・バファローズ	21	50	10	0	4	0	.222	2800万円
2009	オリックス・バファローズ	9	14	3	0	0	0	.231	2400万円
通算		537	1380	312	58	150	12	.247	2億250万円

1980年、三重県生まれ。豊田大谷(愛知)時代に2度甲子園に出場している。1998年ドラフト会議で横浜ベイスターズから1位指名を受けて入団。契約金は8800万円。二軍暮らしが長かったが、2003年に125試合に出場し、22本塁打を放った。翌年も11本塁打を記録したものの、なかなか安定した成績を残せなかった。2008年にオリックス・バファローズに移籍した。2009年限りで現役を引退。格闘家に転身し、2試合を戦った。現在は「The Baseball Surfer」というブランドを立ち上げ、アパレル事業、野球教室などを行っている。

館山昌平（たてやま・しょうへい）

年	球団	登板	先発	勝利	敗戦	セーブ	ホールド	防御率	推定年俸
2003	ヤクルトスワローズ	10	9	0	3	0	0	5.19	1500万円
2004	ヤクルトスワローズ	…	…	…	…	…	…	…	1700万円
2005	ヤクルトスワローズ	25	25	10	6	0	0	3.95	1300万円
2006	東京ヤクルトスワローズ	44	6	2	5	5	16	3.95	3700万円
2007	東京ヤクルトスワローズ	45	15	3	12	5	5	3.17	4800万円
2008	東京ヤクルトスワローズ	24	24	12	3	0	0	2.99	6700万円
2009	東京ヤクルトスワローズ	27	27	16	6	0	0	3.39	1億円
2010	東京ヤクルトスワローズ	21	21	12	7	0	0	2.93	1億1000万円
2011	東京ヤクルトスワローズ	26	25	11	5	0	1	2.04	1億2000万円
2012	東京ヤクルトスワローズ	25	24	12	8	0	1	2.25	2億2000万円
2013	東京ヤクルトスワローズ	2	2	0	0	0	0	3.24	2億2000万円
2014	東京ヤクルトスワローズ	…	…	…	…	…	…	…	1億5000万円
2015	東京ヤクルトスワローズ	11	11	6	3	0	0	2.89	1億円
2016	東京ヤクルトスワローズ	10	9	1	4	0	1	7.24	1億2000万円
2017	東京ヤクルトスワローズ	2	2	0	1	0	0	12.00	1億2000万円
2018	東京ヤクルトスワローズ	5	5	0	4	0	0	6.86	1億円
2019	東京ヤクルトスワローズ	2	2	0	1	0	0	5.40	2400万円
通算		279	207	85	68	10	24	3.32	15億8100万円

1981年、神奈川県生まれ。日大藤沢（神奈川）のエースとして、1998年春のセンバツに出場。日本大学に進んだのち、2002年ドラフト会議でヤクルトスワローズから3巡目指名を受けた。契約金は1億円。プロ2年目の2004年にトミー・ジョン手術を行ったのち、2005年に復帰。10勝をマークした。2009年に最多勝のタイトルを獲得。2008年から5年連続で二桁勝利を挙げた。2013年に二度目のトミー・ジョン手術を受けた。2015年には6勝を挙げてカムバック賞を受賞した。2019年限りで引退。現在は福島レッドホープスの投手コーチをつとめている。

大引啓次（おおびき・けいじ）

年	球団	試合	打席	安打	本塁打	打点	盗塁	打率	推定年俸
2007	オリックス・バファローズ	126	444	108	2	24	3	.274	1200万円
2008	オリックス・バファローズ	88	305	71	3	26	1	.258	2800万円
2009	オリックス・バファローズ	107	425	97	5	25	3	.278	3100万円
2010	オリックス・バファローズ	85	260	51	2	23	0	.236	4500万円
2011	オリックス・バファローズ	127	501	99	1	34	3	.244	5800万円
2012	オリックス・バファローズ	110	432	79	6	20	6	.224	5800万円
2013	北海道日本ハムファイターズ	120	492	107	3	32	13	.266	5600万円
2014	北海道日本ハムファイターズ	132	512	106	5	47	21	.245	7000万円
2015	東京ヤクルトスワローズ	96	347	70	5	41	6	.225	1億円
2016	東京ヤクルトスワローズ	100	391	87	5	27	7	.250	7000万円
2017	東京ヤクルトスワローズ	80	311	62	5	29	3	.227	7000万円
2018	東京ヤクルトスワローズ	47	136	43	5	15	0	.350	6000万円
2019	東京ヤクルトスワローズ	70	137	24	1	13	1	.202	3600万円
通算		1288	4693	1004	48	356	67	.251	6億9400万円

1984年、大阪府生まれ。浪速高校（大阪）時代に、2001年春のセンバツに出場し、ベスト8に進出した。法政大学では通算121安打を放ち、5度ベストナインに選ばれた。2006年、大学生・社会人ドラフトでオリックス・バファローズから3巡目指名を受けて入団。契約金は8000万円。入団後すぐにショートのポジションを獲得した。2013年1月、北海道日本ハムファイターズに移籍。2014年11月にFA権を行使して東京ヤクルトスワローズへ。2019年限りで現役を引退した。

小林太志（こばやし・ふとし）

年	球団	登板	先発	勝利	敗戦	セーブ	ホールド	防御率	推定年俸
2008	横浜ベイスターズ	31	22	6	5	1	0	4.41	1500万円
2009	横浜ベイスターズ	12	12	1	8	0	0	4.48	2400万円
2010	横浜ベイスターズ	20	3	0	2	0	0	6.21	2000万円
2011	横浜ベイスターズ	17	8	4	3	0	0	3.47	1800万円
2012	横浜DeNAベイスターズ	35	5	2	3	0	1	3.74	2100万円
2013	横浜DeNAベイスターズ	11	0	0	1	0	0	8.78	2500万円
2014	横浜DeNAベイスターズ	2	0	0	1	0	0	6.00	1200万円
通算		128	50	13	23	1	1	4.47	1億3500万円

1983年、群馬県生まれ。富岡高校（群馬）、立教大学、JR東日本を経て、2007年大学生・社会人ドラフト1巡目で横浜ベイスターズ（現・横浜DeNA）に入団した。契約金1億円＋出来高5000万円。2014年に現役を引退。不動産会社のタカラレーベンの経営企画課で勤務。その後、独立リーグの琉球ブルーオーシャンズの球団社長に就任。2021年9月からIT・DXコンサルティング会社「TREASURY」で勤めている。

鵜久森淳志（うぐもり・あつし）

年	球団	試合	打席	安打	本塁打	打点	盗塁	打率	推定年俸
2005	北海道日本ハムファイターズ	…	…	…	…	…	…	…	480万円
2006	北海道日本ハムファイターズ	1	1	0	0	0	0	.000	500万円
2007	北海道日本ハムファイターズ	…	…	…	…	…	…	…	500万円
2008	北海道日本ハムファイターズ	11	23	6	0	2	0	.300	500万円
2009	北海道日本ハムファイターズ	…	…	…	…	…	…	…	580万円
2010	北海道日本ハムファイターズ	23	40	10	0	2	0	.278	580万円
2011	北海道日本ハムファイターズ	42	64	15	2	6	0	.246	780万円
2012	北海道日本ハムファイターズ	20	37	7	4	6	0	.219	980万円
2013	北海道日本ハムファイターズ	22	51	7	0	1	0	.140	1100万円
2014	北海道日本ハムファイターズ	24	44	8	0	1	0	.200	1000万円
2015	北海道日本ハムファイターズ	3	3	0	0	0	0	.000	960万円
2016	東京ヤクルトスワローズ	46	146	35	4	19	0	.257	750万円
2017	東京ヤクルトスワローズ	45	91	18	1	7	1	.209	1300万円
2018	東京ヤクルトスワローズ	19	20	5	0	3	0	.294	1150万円
通算		256	520	111	11	47	1	.231	1億1160万円

1987年、愛媛県生まれ。済美高校（愛媛）時代に、2004年春のセンバツで優勝、夏の甲子園で準優勝している。2004年ドラフト会議で北海道日本ハムファイターズから8巡目指名を受けて入団。契約金は3500万円。プロ4年目の2008年に初ヒット、2011年に初本塁打を記録した。大砲候補として期待されたが、レギュラーポジションはつかめず、代打での起用が多かった。2016年に東京ヤクルトスワローズに移籍。2018年に現役引退、2019年、ソニー生命のライフプランナーに転身した。

LOTTE

Profile

元永知宏（もとなが・ともひろ）

1968年、愛媛県生まれ。立教大学野球部4年時に、23年ぶりの東京六大学リーグ優勝を経験。大学卒業後、出版社勤務を経て独立。著書に『期待はずれのドラフト1位』『敗北を力に！』『レギュラーになれないきみへ』（岩波ジュニア新書）、『殴られて野球はうまくなる!?』（講談社＋α文庫）、『トーキングブルースをつくった男』（河出書房新社）、『荒木大輔のいた1980年の甲子園』『近鉄魂とはなんだったのか？』（集英社）、『プロ野球を選ばなかった怪物たち』『野球と暴力』（イースト・プレス）など。

デザイン	金井久幸＋藤 星夏（TwoThree）
DTP	TwoThree
イラスト	川崎タカオ
企画協力	高松隆太（アイフォーシー）

プロ野球《やきゅう》で1億円稼《おくえんかせ》いだ男《おとこ》のお金《かね》の話《はなし》

第1刷　2023年10月5日

著者	元永知宏
発行者	菊地克英
発行	株式会社東京ニュース通信社 〒104-6224　東京都中央区晴海1-8-12 電話 03-6367-8023
発売	株式会社講談社 〒112-8001　東京都文京区音羽2-12-21 電話 03-5395-3606
印刷・製本	株式会社シナノ

ISBN 978-4-06-533662-5